Marko Arnautovic

Mr. 107 Prozent!

Vanny Benke

BoD – Books on Demand
Norderstedt
Mai 2020

Bibliografische Information der Deutschen Nationalbibliothek:
Die Deutsche Nationalbibliothek verzeichnet diese Publikation in der Deutschen
Nationalbibliografie; detaillierte bibliografische Daten sind im Internet über dnb.dnb.de
abrufbar.

Herstellung und Verlag: BoD – Books on Demand, Norderstedt
ISBN 978-3-751-93272-1

Dieses Buch ist auch als E-Book erhältlich.

Danke ...

- einmal ganz herzlich an die Fußballer Anton „Toni" Polster und Alexander Schlager bzw. an den Sportreporter Oliver Polzer für deren Bereitschaft zu einem schriftlichen Kurzinterview und der freigegebenen Antworten,

- meinem Lehrer, Herrn Prof. Manfred Weissenbacher, für sein akribisches Lektorat und seine Anmerkungen,

- den zahlreichen kompetenten Kommentatoren meiner instagram-Fanpage @7m.arnautovic.fp sowie meinen Freunden für ihr „Dabeisein",

- meiner wertvollen Quelle fußballerischer Inspiration Theresa sowie last but not least

- meinen Eltern für ihre Überzeugungskraft und permanente Unterstützung (von den Trainingsfahrten zu den Spielen etc.) mich zum Schreiben zu bewegen, mich dabei zu motivieren und mich vor allem im Finishing zu unterstützen.

Ganz herzlichen Dank euch allen!

Überblick

Der Fußballer

Die Medien

Die Sprüche

Die Fans und „Mr. 107 Prozent"

Der Mensch hinter dem Fußballer

Bildanhang (© Benke)   *85*

Quellen

Vorwort

Ziel des Buches „Marko Arnautovic: Mr. 10**7** Prozent!"[*)] ist es,

- dessen unstrittige Bedeutung als herausragende **Fußballer**-Persönlichkeit Österreichs (aus Fan-Sicht) zu skizzieren,
- einen der besten österreichischen Fußballer im Zuge der EM 2020 (im Austragungsjahr 2021) zu würdigen bzw.
- damit schließlich auch den **Menschen** Marko Arnautovic etwas greifbarer zu machen.

© Benke

Am Weg zum perfekten Spiel

---

*) Marko Arnautovic gibt immer mehr als 100 Prozent. Also mit „107" Prozent um symbolische „7" mehr, zumal dies für ihn eine besondere (nämlich: seine Lieblings-)Zahl ist.
Zudem waren die Nummern 10 und 7 auch seine Trikotnummern bei Stoke City FC bzw. West Ham United und Shanghai SIPG.

Gerade dann, wenn man das Leben dieses Ausnahmekönners vor dem Hintergrund seines Reifungsprozesses und der damit verbundenen „Ups and Downs" betrachtet. Oder wie Marko Arnautovic selbst dessen eigene (menschliche) Entwicklung und seinen aktuellen Status Quo in einem Interview anlässlich seines 30. Geburtstages im April 2019 (nicht ganz frei von Ironie) umreißt:

> „Das Bad-Boy-Image haben wir ja mittlerweile überwunden, denke ich. Ich hab mich als Person logischerweise weiter-entwickelt, bin reifer geworden, spontan fällt mir aber kein Wort ein – wobei: Nach WunderKIND und Bad BOY muss ja eigentlich Wise old MAN folgen."[1]

Alles beginnt mit dem Namen ...

Ein Buch über Marko Arnautovic zu schreiben, beginnt (logisch-konsequent) mit seinem Namen. Und wenngleich die Namenschreibung „Arnautović" die eigentlich korrekte Schreibweise in der serbisch-männlichen Form ist (währenddessen sich die weibliche Form davon als Arnautovic ohne „ć" schreibt), wird hier

- zum einen aus Gründen der Vereinfachung auf das einfache „c" zurückgegriffen (es sei denn, der Name ist in den Originalzitaten/Links etc. mit „ć" angeführt) bzw.
- zum anderen auch aufgrund der leichteren Auffindbarkeit im World Wide Web (siehe unten stehende Screenshots mit den vergleichenden Suchtreffer-Quote von 980.000 im Vergleich zu 175.000, Stand: 29.02.2020).

Marko Arnautovic

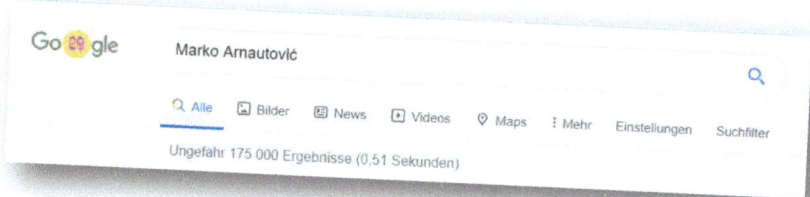

Marko Arnautović

„Marko Arnautović ist Österreichs bester – und wildester – Fußballer". Mit genau diesen treffenden Worten beginnt der Bericht „Der Junge von der Straße" im Nachrichtenmagazin *Profil.*[2]
Und genau dieser beste Spieler könnte noch in den nächsten Jahren sowohl Österreichs Rekordteamspieler als auch Rekordtorschütze im Nationalteam werden und damit auf dem besten Weg sein, österreichische Fußballgeschichte zu schreiben.

Experten-Stimmen zu Marko Arnautovic

Hier die drei kurzen Fragen, die Ex-Profi Anton „Toni" Polster sowie Alexander Schlager (aktueller Teamtorhüter) bzw. Oliver Polzer (ORF-Sportreporter) der Autorin aus ihrer jeweiligen Sicht – auf den Menschen und Fußballer Marko Arnautovic – beantwortet haben:

V.B.: Wie sehen Sie Marko Arnautovic als Fußballer?

Toni Polster: „Er ist der beste Fußballer denn wir haben. Seine Körpersprache ist besser geworden ... er ist dadurch zum Leader aufgestiegen!"

Alexander Schlager: „Ein besonderer Fußballer mit besonderen Fähigkeiten am Platz. Definitiv ein Spieler, der im Internationalen Fußball den Unterschied ausmachen kann."

Oliver Polzer: „Ich denke, Marko Arnautovic gehört zu den besten Fußballern, die je das Österreichische Teamdress getragen haben. Seine Wucht, Technik und seine Unbekümmertheit machen ihn zu einem Weltklasse Fußballer."

V.B.: Wie sehen Sie den Menschen Marko Arnautovic?

Toni Polster: „Dazu kenne ich ihn zu wenig, aber er macht den Eindruck, dass er ein großes Kind ist, und das meine ich positiv."

Alexander Schlager: „Marko ist ein direkter Typ, der Dinge, die ihm nicht passen, sofort und direkt anspricht. Er redet einfach das, was er sich denkt, und das gibt's definitiv nicht mehr oft. Deshalb schätze ich ihn sehr. Er is' außerdem a witziger Typ, der immer eine super Stimmung ins Team bringt und für viele Lacher sorgt."

Oliver Polzer: „Ich habe Marko Arnautovic immer als sehr angenehmen Gesprächspartner und Menschen kennengelernt. So manches Hoppala mag man ihm verzeihen, das macht ihn auch einzigartig."

V.B.: Wo sehen Sie Marko Arnautovic in 10 Jahren?

Toni Polster: „Ich denke, er könnte dem Fußball erhalten bleiben und eventuell Trainer werden!"

Alexander Schlager: „Das is' schwer zu sagen, aber ich denke, dass er mit seiner Familie irgendwo chillt und sein Leben genießen wird."

Oliver Polzer: „In 10 Jahren wird Marko noch ein paar wirklich große Vereine bespielt haben. Ich sehe noch einige wirklich gute Jahre für ihn."

Danke vielmals für Ihre Antworten!

Quelle: Freigegebene, schriftliche Interviews mit der Autorin

Jugendliche Stimmen zu Marko Arnautovic

Eine kurze, erste und nicht-repräsentative Umfrage (noch bevor dieses Buch in Angriff genommen wurde) richtete sich mit der Frage „Was fällt dir als Erstes spontan zu Marko Arnautovic ein?" an den Peer-Bekanntenkreis der Autorin.

Die daraufhin erhaltenen Antworten Jugendlicher/junger Menschen (im Originalwortlaut, dem Namen und dem Alter in Jahren) waren – erwartungsgemäß – so vielfältig, wie die Facetten eines Fußballers bzw. Menschen nur sein können:

„Fußball, Nationalmannschaft" (Andreas – 16)

„Vanny, Fußball Österreich, Nationalteam" (Jonas – 16)

„Fußball" (Lukas – 17)

„China, Tattoos, Nummer 7" (Nina – 17)

„Einfach wunderbar. Ein echtes Idol. Bester Fußballer. Einfach wow."
(Nina – 16)

„Großartiger Fußballer mit einen riesengroßen Herzen –
der immer alles gibt." (Julia – 20)

„Guter Spieler, torgefährlich, Leistungsträger" (Theresa –17)

„Mir fällt als Erstes ein, dass er heuer (2019) zu Shanghai SIPG
gewechselt ist." (Lisa – 16)

„Einzigartiger Fußballer mit unglaublichem Durchhaltevermögen."
(Nicole – 16)

„Fußball und vielleicht du." (Natalie – 16)

„Guter Fußballer, China" (Raphael – 15)

„Querdenker" (Clemens – 20)

„Seine Art, wie er sich am Feld bewegt. Ein guter Spieler." (Abdul – k.A.)

„China, manchmal arrogant und Fußballer" (Niklas – k.A.)

Wer oder was steckt nun wirklich hinter dem Menschen und Fußballer Marko Arnautovic?

Und: Was ist es, dass ihn so individuell/einzigartig und besonders macht?

Österreich gegen Schweden – Freundschaftsspiel
(Wien, Generali Arena, 06.09.2018)

Marko Arnautovic:
Mister 107 Prozent!

Der Fußballer

Steckbrief

(Stand: 1.3.2020)

Name	Marko Arnautovic
Position	Stürmer (in Offensive variabel einsetzbar), starker rechter Fuß, beidfüßig
Geburtsdatum, -ort	19.04.1989, Wien
Religion	serbisch-orthodoxer Christ
Familienstand	verheiratet mit Sarah Arnautovic (2012) Tochter Emilia (*2012), Alicia (*2015)
Nationalität	Österreich
Sprachen (eigene Angaben)	deutsch, serbisch, holländisch, italienisch, englisch, portugiesisch, türkisch
Hobbies	„meine Familie" (Zitat M.A.)
Länderspieldebüt	11.10.2008
Größe, Gewicht	192 cm, 83 kg
Vereine	Shanghai SIPG (seit 04.08.2019) West Ham United FC (ab 04.08.2017) Stoke City FC (ab 02.09.2013) Werder Bremen (ab 01.07.2010)
Herren ⇧	Inter Mailand (ab 05.08.2009)
Junioren/Herren	FC Twente Enschede (ab 04.08.2006) SK Rapid (ab 07.08.2003) FAC (ab 19.06.2003) FK Austria Wien (ab 15.07.2002) FAC (ab 03.09.2001) First Vienna FC 1894 (ab 03.09.2001) FK Austria Wien (ab 25.08.1998)
Junioren ⇧	FAC (ab 06.09.1995)
Spiele für das Nationalteam	85 (39 Siege, 18 Unentschieden, 28 Niederlagen)
Tore (Nationalteam)	26
Verwarnungen	gelb (5), gelb-rot (0), rot (1)

Größte sportliche Erfolge	• Österreichs Fußballer des Jahres 2018 (Trainerwahl) bzw. Spieler des Jahres 2019 (Leserwahl) • „Hammer oft he year"/Bester Spiel des Clubs (2017/18) plus 2 weitere West Ham-Awards • aktuell teuerster österreichischer Fußballprofi (kolportierte Ablösesummen: 28 Mio. Euro von Stoke City FC zu West Ham United sowie 25 Mio. Euro von WHU zu SIPG Shanghai) • EM-Teilnahme 2016 (in allen drei Gruppenspielen im Einsatz) bzw. 2020 für Österreich • Spieler der Saison von Stoke City FC 2015/16 (Teamkollegen-Wahl) • Gewinn von Champions League, Meisterschaft und Cup mit Inter Mailand 2009/2010 (als Kaderspieler)
Ausrüster	Puma
Social Media	www.markoarnautovic.com instagram: @m.arnautovic7
Management	ARNA Sports Management GmbH, Wien
Berater	(Geschäftsführer: Danijel Arnautović) Next Sports Marketing, Wien
Quellen	https://www.oefb.at/Spieler/464159/?Marko-Arnautovic https://de.wikipedia.org/wiki/Marko_Arnautović https://www.transfermarkt.at/marko-arnautovic/profil/spieler/41384 Eigene Recherchen

Österreich gegen Schweden – Freundschaftsspiel
(Wien, Generali Arena, 06.09.2018)

„I try to enjoy my football, this is what I live for."[3]
Marko Arnautovic

Vom Käfigspiel in Floridsdorf übers London-Stadion nach Shanghai

Marko Arnautovic wird in Wien als Sohn des Serben Tomislav Arnautović und seiner österreichischen Ehefrau Gabriela Arnautovic am 19. April 1989 geboren. Er wächst in einer Hochhaussiedlung in Floridsdorf als „Straßenjunge" (laut Eigendefinition) zusammen mit türkischen, serbischen, kroatischen, russischen und georgischen bzw. arabischen Jungs auf – ohne „Österreicher" darunter. Es geht um die Gangvorherrschaften, Revierchefs und das Kicken im Fußballkäfig. Fußball ist der Lichtblick und die Chance, die er ergreifen wird.

Mit neun Jahren beginnt er seine Karriere in seinem Heimatbezirk beim **Floridsdorfer Athletiksport-Club** (FAC). In jungen Jahren wechselt er zwischen dem FAC bzw. der Vienna bzw. den beiden Wiener Großklubs, also **FK Austria Wien** und **SC Rapid Wien**, bis er schließlich 2004 wieder zu seinem Stammverein FAC zurück kehrt. Nicht mangelndes Talent, sondern sein Ruf als „unbequemer Freigeist" bzw. sein extrovertiertes Verhalten erschweren zusammen mit einem gewissen „Hang zum Eigensinn"[4] seine Integration in die Fußballteams.
Bereits in jungen Jahren findet er innerhalb der Familie in seinem Vater und seinem Bruder seine ersten „großen Kritiker" – sonst jedoch hat er nach eigenen Worten „als Kind nicht viel auf meine Eltern gehört."[5] Trotz allem kann der Fußballer, dem Familie alles bedeutet, rückblickend mit Stolz behaupten: „Meine Eltern haben sehr, sehr viel zu meinem Leben und Erfolg beigetragen."[6]

Wir schreiben das Jahr 2006: Scouts des niederländischen Top Clubs **Twente Enschede** entdecken Marko Arnautovics Qualitäten und sorgen ab 1. Juli für seine ersten Schritte im Ausland. Fernab seiner Heimat macht er mit siebzehn Jahren fast unbemerkt von der österreichischen Fußball-Szene auf sich aufmerksam und erntet – anders als in Wien, wo sein Wechsel nach Holland doch eher für Skepsis sorgte – erste Lobeshymnen. Die Schnelligkeit des jungen Mannes aus „Oostenrijk", seine präzise Technik und elegante Ballbehandlung beindrucken mit seinem robusten

Körperbau so sehr, dass ihn die Medien bald als neuen Zlatan Ibrahimovic hochjubeln – und das noch bevor er überhaupt erst eine Erstliga-Partie bestritten hat.

Der Shooting-Jungstar war in den Jahren von 2006 bis 2008 sowohl in der Jong FC Twente als auch vierzehn Mal im A-Team sowie in einem UEFA-Cup-Spiel im Einsatz. Am Gewinn des U19-Juniorenmeistertitels hat er mit 22 Toren in 24 Spielen maßgeblichen Anteil.

Seinen ersten Einsatz in der Ehrendivision (Eredivisie) feiert er am 14. Mai 2007 beim 0:2 gegen PSV Eindhoven. Es ist aber die Spielsaison 2008/9, in der er mit 28 Einsätzen seinen Durchbruch schafft und letztendlich auch seinen Anteil mit 12 Treffern zum zweiten Platz und damit zum niederländischen Vizemeistertitel beisteuert.

Noch als 20-Jähriger erlebt er 2009 sein persönliches Watergate („Arnautogate", lt. *Wikipedia*), als er von Ibrahim Kargbo, einem Gegenspieler aus der Ersten Division, rassistischer Beschimpfungen bezichtigt wird. Dies bestreitet er wiederholt und vehement, diesbezügliche Untersuchungen werden mangels Beweisen eingestellt.

Die ausgiebige Diskussion dieses Vorfalls in der Medienlandschaft Hollands zeigt eine zwiespältige Wahrnehmung des Menschen Marko Arnautovic, dessen fußballerisches Talent in Zuschreibungen vom Ruf eines schlampigen Genies bis hin zum „Alpen-Ibrahimović"[7] gipfeln. Immer wieder tauchen während seiner Zeit in den Niederlanden auch Transfergerüchte auf, die ihn mit Top Clubs wie Feyenoord Rotterdam, Schalke 04 bzw. auch FC Chelsea und Inter Mailand in Verbindung bringen.

Am 5. August 2009 schließlich verleiht Twente sein „Talent"[8] (*Joop Munstermann*), den in dieser Zeit eine Verletzung plagt, an **Inter Mailand**. Seine ersten beiden Tore für den italienischen Top Club schießt er in seinem dritten Testspieleinsatz gegen den Schweizer Zweitligisten FC Vaduz am 14. November 2009, sein Pflichtspieldebüt unter José Mourinho feiert er in der Serie A gegen Chievo Verona im Jänner 2010.

Die Zeit in Mailand ist gekennzeichnet von jugendlichen Sturm- und Drangjahren, in denen er es (etwa zusammen mit Mannschaftskollegen wie Mario Balotelli) vor allem abseits des Rasens immer wieder auch in die Schlagzeilen der Presse schafft.

Für einen ganz speziellen Medien-Aufreger sorgt der Diebstahl jenes

Bentley im Zentrum der Metropole, den sich der 20-Jährige von seinem Teamkollegen Samuel Eto'o geliehen hat.[9] Und sogar „Arnie" (sein Spitzname) selbst erzählt gerne jene Italien-Anekdote (wie im Interview mit dem englischen *Sportsmail* im Jahr 2017), wo sich Startrainer José Mourinho aufgrund seines mehrfachfachen Zuspätkommens die Uhr vom Handgelenk genommen und sie ihm in Anspielung an sein eigenes Verständnis von Pünktlichkeit geschenkt hat, als er sich einmal „verfrühte". Und zwar mit den Worten: „Jetzt bist du fünf Stunden zu früh da. Ich liebe dich! Hier nimm meine Uhr".[10] Nicht zuletzt wegen solcher Eigenschaften beschreibt Mourinho den jungen Marko Arnautovic durchaus ambivalent als „großartige Person mit der Einstellung eines Kindes."[11]

Im Jahr 2010 gewinnt Marko Arnautovic als Kaderspieler im Inter-Dress das Triple aus italienischer Meisterschaft (Serie A), Cup (Coppa Italia) sowie UEFA Champions League. Und wenn auch der (durchaus auch als exzentrisch bekannte) Fußball-Feinmechaniker in der Serie A insgesamt nur dreimal für Internazionale Milano spielt – er schafft den Sprung aus den Notizbüchern der internationalen Scouts auf die große, europäische Fußball-Bühne.

Dazu trägt zunächst auch sein Wechsel zu **Werder Bremen** am 1. Juli 2010 bei, wo der rund 6,5-Millionen-Einkauf einen Vierjahresvertrag unterschreibt und schon am 28. August (beim 4:2-Heimspielsieg gegen den 1. FC Köln) seine ersten beiden Bundesliga-Tore erzielt. Knapp zwei Monate später am 20. Oktober 2010 trifft er in der Champions League-Begegnung gegen seinen ehemaligen Verein FC Twente und wahrt damit für Werder die Chance auf den Aufstieg ins Achtelfinale.

Auf der einen Seite zeigt ein fantastischer „Astronautovic"[12] in der Hansestadt mit teils spektakulären Treffern immer wieder seine Torjäger-Qualitäten auf – insgesamt werden es vierzehn Tore in 72 Spielen für den norddeutschen Klub sein. Auf der anderen Seite allerdings sorgt „Arrogantovic"[13] auch immer wieder für negative Schlagzeilen. Wenig rühmliche Diskobesuche, nächtliche Autofahrten, verbale und tätliche Auseinandersetzungen mit Teamkollegen sowie Transfergerüchte zu u.a. Dynamo Kiew lassen ihn quasi zum „Liebling der Medien" werden und tragen das Ihre dazu bei, dass sich die Stimmung rund um den 23-jährigen „Problemkicker" bzw. „Rüpel zum Verlieben"[14] immer wieder aufheizt.

Ein außergewöhnliches Talent, ein Super-Techniker und Tempo-Fußballer auf dem Platz, ein Enfant terrible abseits des Rasens, der immer wieder einmal für Unstimmigkeiten sorgt? Ist Marko Arnautovic nun wirklich ein „Skandalkicker und Fehleinkauf"?[15]

Noch keine zwei Jahre zuvor ist es kein Geringerer als der U21-Nationalteamtrainer Andreas Herzog gewesen, der in ihm den „mit Abstand beste(n) Fußballer, der in den letzten 30 Jahren auf dem Platz herumgelaufen ist",[16] gesehen hat. Sein Charisma und seine spielerische Qualität können den Unterschied ausmachen! Er ist – wie ihn viele Jahre später der österreichische Trainer Christian Ilzer noch nennen wird – der „absolute Unterschiedsspieler!"[17]

Am 2. September 2013 wechselt Mister Arnautovic in einer win-win-Situation mit einem Vierjahresvertrag für ein Schnäppchen von nur 2,35 Millionen Euro in die englische Premier League zum **Stoke City Football Club**. Dort scheint der zukünftige Fanliebling der „Potters" auch seine innere Ruhe wieder und zu alter Stärke als Top-Scorer zurück gefunden zu haben; woran laut eigenen Aussagen seine Familie wie auch Trainer Mark Hughes großen Anteil haben, sodass er selbst resümieren kann: „Stoke hat mich wieder zum Leben erweckt."[18]

Die englischen Medien berichten immer öfters über gute Leistungen, im Stadion sind laustarke „Arnie-Rufe" für den neuen Publikumsliebling zu hören, die nach Jahren voller Ups-and-Downs sichtlich motivieren. Denn „wenn das ganze Stadion hinter dir steht, ist das ein schönes Gefühl".[19]

Die Zeit der Eskapaden ist nun vorbei! Es geht dem „Striker" selbst darum, auf dem Platz wie auch im alltäglichen Leben vor allem eines zu sein: Vorbild!

In den knapp vier Jahren, in denen er in Stoke-on-Trent fußballert, spielt er in Topform. Unter Trainer Mark Hughes kann er seine Qualitäten bzw. seine Torgefährlichkeit neben Mitspielern wie Xherdan Shaqiri,[20] Peter Crouch u.a.m. optimal entfalten. In seiner ersten Saison machen ihn insgesamt fünf Tore und zwölf Assists zum erfolgreichsten Vorlagengeber des Teams, im Jahr 2015/16 trifft er bereits zwölf Mal bei sechs Vorlagen.

Qualitäten wie diese führen dazu, dass Marko Arnautovic von seinen Mannschaftskollegen zu Stokes „Spieler der Saison der Saison 2015/16" gewählt wird und von dem seine Mitspieler sagen: „Er ist ein toller Spieler, ein super Kerl, es ist immer lustig mit ihm."[21]

„Stoke hat mich aus einer Situation rausgeholt, in der ich nicht glücklich war",[22] meinte der Internationale einmal vor dem Wechsel auf die Insel 2013 vor dem Hintergrund seiner Probleme bei Werder Bremen.

© Benke

Eingangsbereich London Stadium, West Ham

Mit einem Fünfjahresvertrag und einer Ablösesumme von 20 Mio. Pfund (damals rund 28 Mio. Euro) wechselt der Top-Stürmer internationalen Formats im Juli 2017 zum Ligakonkurrenten und Tabellennachbarn **West Ham United** (WHU) nach London. Mit dieser Transfersumme wird er nicht nur zum teuersten österreichischen Spieler aller Zeiten, sondern auch zum „rot-weiß-roten Aushängeschild in der Premier League".[23]

Nach einem schweren, verletzungsbedingten Start bei den Londonern (aus dem er sich selbst wieder rasch heraus holt), entwickelt sich der Wiener zwischenzeitlich zum absoluten „Publikumsliebling". Bald darauf erlebt er das Tief im Wellental der Gefühle, als mit dem Auftreten erster Transfergerüchte (Premier League-Konkurrenten aus Manchester und Angebote aus China) er auch rasch in der Gunst der Anhänger fällt und zum „Buhmann" wird.

Die von den Medien als solche bezeichnete „Transferposse"[24] im Jänner 2019 bzw. die nachfolgende mediale Kritik an der Klubführung West Hams durch seinen Manager und Bruder sorgen dafür, dass die Stimmung im Club und unter den Fans allmählich kippt, sodass ein weiterer Verbleib in der Hauptstadt längerfristig undenkbar wird. Dennoch: Selbst in dieser schwierigen Phase im Winter/Frühjahr 2019 trifft „Arnie" noch drei Mal für West Ham.

Der „Striker" spielt noch bis Juli für West Ham United, zeigt selbst Stil und verabschiedet sich allen Widrigkeiten zum Trotz (es gibt an ihn gerichtete Schelte in den Sozialen Medien) via Instagram mit den Worten: „Danke an alle bei West Ham. Besonderen Dank und Goodbye an die Fans, die immer gut zu mir waren."[25]

Er macht für seine „Hammers" in zwei Jahren jeweils 11 Goals in 65 Matches. Diese 22 Goals sind auch dafür verantwortlich, dass er in seiner zweiten Saison auch zum „Hammer oft the year" gewählt wird.

© Benke

London Stadium, West Ham

Diese Ups and Downs im Osten Londons bei gleichzeitig verlockenden Transferangeboten aus dem Fernen Osten lassen „MA7" im Juli 2019 mit einer Ablösesumme von 25 Millionen Euro zu **Shanghai SIPG** wechseln. Ein Wechsel, der sowohl in der Fachwelt als auch unter seinen Fans mit gemischten Gefühlen aufgenommen wird. Dass ein wöchentliches Gehalt von mehr als 220.000 Euro und ein Jahresgehalt von rund 13 Mio. Euro auch Neider auf den Plan ruft, ist unbestritten. Jedenfalls nachvollziehbar und ein richtiger Schritt für den 30-Jährigen sei dieser Wechsel für den Manager Max Hagmayr, der – auf den finanziellen Aspekt hin angesprochen – sogar meint: Notfalls würde er ihn sogar selbst „nach China tragen", denn eine solche Chance zur Absicherung des eigenen Lebensabends böte sich nicht alle Tage und sei letztendlich sogar „alternativlos".[26]

Keine Frage – der Verdienst ist nach den Worten des Stürmers selbst „überragend (...) Aber es geht nicht alles um Geld (...) Sie haben mir das Gefühl gegeben, dass ich wichtig sein kann."[27]

Doch nicht nur deshalb habe er innerhalb seiner Familie einen langen Entscheidungsprozess nunmehr pro China hinter sich gebracht. Er selbst wollte vor allem auch einmal raus aus Europa, um auch einmal etwas anderes von der Welt zu sehen und erfüllte sich offenbar so auch seinen Kindheitstraum, nach China zu gehen.

So kickt „Arnie" also in der Hafenmetropole zusammen mit den ehemaligen brasilianischen Teamspielern Oscar und Hulk unter Trainer Vítor Pereira (früher FC Porto, Fenerbahçe Istanbul) für einen hochprofessionellen Club in einer Liga, die ihn vom Spielniveau her überrascht und seiner Einschätzung nach „sehr ordentlich" sei, wenngleich sie natürlich nicht an die Premier League heranreichen kann: „Man hat viel mehr Räume, den Legionären wird großer Respekt entgegengebracht. Es wird gut und schnell kombiniert."[28]

Noch höher als die Spielqualität dort sei allerdings die sprachliche Barriere für ihn selbst zu den chinesischen Mitspielern. Umso hilfreicher ist da seine Kenntnis der portugiesischen Sprache, die er mit seinen Teamkollegen perfektionieren kann.

An sich gleich wie in Europa und überall im selben Rhythmus lebt sich der Alltag für einen Fußballer in Ostasien: „Aufstehen, Training, Match, heimfahren, schlafen." [29] Was den Unterschied allerdings zwischen Asien und Europa ausmacht, ist die Tatsache, dass das Training hier in Shanghai hitzebedingt abends stattfindet.

Fußballerisch ist Marko Arnautovic seit seinen ersten Stunden angekommen: So trifft er schon im ersten und zweiten Meisterschaftsspiel für Shanghai SIPG und damit ist China nach den Niederlanden, Italien, Deutschland und England nun das fünfte Land, in dem er auf Torjagd geht. Familiär ist der Wechsel nach Shanghai ab dem Zeitpunkt allerdings erst so richtig perfekt geworden, als seine Familie zu ihm nachgezogen ist.

Wo immer Marko Arnautovic aber auch spielt und spielen wird – er mag es, wenn Menschen (und darin sind Kritiker wie Fans gleichermaßen angesprochen) ihn kritisieren, wie er in einem Interview mit der Zeitung *The Guardian* festgehalten hat:

„I love it when people criticise me (...) There is no better feeling than when you make them quiet. You do what you have to do, the people on the television do what they have to do. They get paid for this. I get paid to play football and show everything I've got." [30]

Leistung – immer und überall

Hier ein kurzer Überblick über Marko Arnautovics Auslandsstationen in Gesamt-Einsatzzeiten sowie ergänzend einige statistische Fakten – und zwar unabhängig vom Spielbewerb (also Meisterschaft, Cup, Europa League, Champions League, Super League, Chinese FA Cup etc.):

	Twente Enschede	Inter Mailand	Werder Bremen	Stoke City	West Ham	Shanghai SIPG
Spiele	59	3	84	145	65	16
Tore	14	-	16	26	22	10
Torvorlagen	10	-	13	32	12	3
Gelbe Karte	5	-	15	18	8	3
Rote Karte	-	-	1+1 (gelb-rot)	1	1	-
Spielminuten	3.449	55	5.220	11.264	4.523	1.118
Trainer	Fred Rutten Steve McClaren	Jose Mourinho	Thomas Schaaf Robin Dutt	Mark Hughes	Slaven Bilic David Moyes Manuel Pellegrini	Vitor Pereira

Quelle: transfermarkt[31] (Stand: 29.02.2020)

„MA7" – Fußballstationen als Profi

„Für Österreich aufzulaufen macht mich stolz, vor allem wenn man bedenkt, dass ich schon als Bub Balljunge bei Länderspielen war und mein größter Traum war, auch einmal im Österreich-Trikot aufzulaufen."[32]

Marko Arnautovic

Nationalteam: Von den Färöer-Inseln nach Frankreich

Einmal mehr keine Frage: „MA7" ist zum Leitwolf geworden, zu einer Führungspersönlichkeit, von der seine Teamkollegen sagen, dass die Mannschaft ohne ihn um eine Klasse schlechter sei.

Mit der österreichischen Nationalmannschaft qualifiziert sich Marko Arnautovic für die **Europameisterschaft 2016**, wo das Nationalteam jedoch an den Gruppengegnern Ungarn und Island scheitert, sodass auch ein Remis gegen Portugal nicht dazu reicht, über die Gruppenphase hinaus zu kommen.
Die Euro 2016 ist übrigens die erste Europameisterschaft, die auf sportlichem Wege erreicht wird (2006 war Österreich mit der Schweiz als gemeinsamer Veranstalter automatisch qualifiziert).

© Benke

Öffentliches Training: M.A. mit „Bruder" Aleksander Dragović (Wien, 20.03.2017)

Wichtig im Team ist auch für „Arnie" vor allem der Mannschaftszusammenhalt im Sinne (s)einer zweiten Familie, den er selbst in den letzten Jahren erlebt und diesen auch vorleben will. Diese quasi-familiäre Situation zeigt sich nicht nur in seiner langjährigen Freundschaft mit Aleksander Dragović und David Alaba. So erklärt er sich zu beiden im Interview mit dem österreichischen Fußballfachmagazin *ballesterer*: „Drago und ich fliegen immer gemeinsam auf Urlaub. Mit David Alaba treffe ich mich in Wien oder in München (...) Drago ist für mich wie ein kleiner Bruder."[33] Und dabei legt Marko Arnautovic sogar fast-familiär noch ein wenig nach, wenn er von ÖFB-Teamkollege Dragović spricht: „Wenn ich könnte, dann würde ich ihm meinen Nachnamen geben, damit er richtig mein Bruder ist."[34]

Und für ein gutes Team-Klima trägt er insofern bei, als er sich um die Jungen annimmt und sich über Erfolge seiner Kollegen freut.

© Benke

Österreich gegen Schweden – Freundschaftsspiel (2:0)
(Wien, Generali Arena, 06.09.2018)

Arrivierte Spieler wie Kapitän Julian Baumgartlinger schätzen seine Unterstützung auf dem Platz und abseits vom Platz sowohl, Nachwuchshoffnung Maximilian Wöber wiederum fand sich selbst bei Marko zu Beginn seiner Teamkarriere aufgrund der gemeinsamen Wiener Herkunft besonders angenommen. „Ich probiere, die Spieler aufzubauen und locker mit ihnen umzugehen, damit sie sich wohlfühlen",[35] so der Blick von Marko Arnautovic auf für ihn junge bzw. neue Mitspieler.

Was seine persönliche und hochprofessionelle Einstellung betont, ist die Tatsache, dass jedes Spiel für ihn ein besonderes ist und er nicht müde wird davor zu warnen, selbst klar schwächere Gegner zu unterschätzen. Wie besonders müssen da aber Spiele für den Menschen Marko Arnautovic sein, wo Österreich auf Serbien trifft: Für ihn, der im Normalfall doch auf jeweils einem Fußballschuh die österreichische und die serbische Flagge „trägt" – für ihn, der dann auch noch für einen Treffer sorgt wie gerade in diesem WM-Qualifikationsspiel am 6. Oktober 2017 beim 3:2 Auswärts-Sieg). In einem Spiel, in dem demonstrativ „auf beiden Schuhen des 27-Jährigen die Österreich-Flagge zu sehen"[36] ist – gerade in einem Spiel, in dem auch die Ära seines Förderers Marcel Koller endet.

Aber auch in dessen Nachfolger Franco Foda findet Marko von Anbeginn an einen Trainer und Förderer, der nicht nur die vielen Qualitäten eines hochveranlagten Offensivspielers kennt, sondern auch auf wechselseitiges Vertrauen in der Arbeitsbeziehung am Platz setzt: „Er hat uns klar gemacht, dass die Spieler für ihn alles sind und dass er alles für sie geben wird, aber er erwartet auch dasselbe zurück. Von mir bekommt er 100 Prozent zurück, egal ob auf oder neben dem Platz."[37]

So ist es auch kein Wunder, dass der mittlerweile zum „Vorzeige-Teamspieler"[38] gereifte Angreifer dem österreichischen Nationalteam ungebrochen die Treue schwört: „Solange ich Fußball spielen kann und der Trainer Lust hat mich einzuberufen, werde ich hier sein und alles dafür tun, meine Leistung zu bringen",[39] bekräftigte der Angreifer im Herbst 2019 im Teamcamp in Saalfelden. Keine Sorge also – der China-Legionär beruhigt einmal mehr auch jene Kritiker, die Zweifel daran hegen, wie lange er wohl noch seine Qualität halten und das kontinentale Pendeln aushalten wird: „Ich werde nicht

Qualität verlieren dort. Und ich werde auch nicht müde sein, weil ich lange fliege",[40] versichert der Offensivspieler.

Ein Marko Arnautovic, unser „MA7", gibt immer mehr als 100 Prozent – mindestens **100 und 7, also: 107 Prozent**!

© Benke

Österreich gegen Schweden – Freundschaftsspiel (2:0)
(Wien, Generali Arena, 06.09.2018)

„MA7" und das österreichische Nationalteam

„2008 feierte Marko Arnautovic sein Debüt für Österreich. Teamchef Karel Brückner brachte ihn in der Qualifikation für die WM 2010 auf den Färöern in der 81. Minute aufs Spielfeld. Am 1:1-Endstand änderte der Wechsel nichts mehr.

82 Länderspiele hat Marko Arnautovic in den vergangenen elf Jahren absolviert. In Österreichs Bestenliste liegt der China-Legionär damit momentan auf Platz 8. In Warschau wird er Herbert Prohaska einholen. Auf Rekordteamspieler Andreas Herzog fehlen ihm noch 21 Spiele.

26 Tore hat Marko Arnautovic bisher für Österreich erzielt. Mit seinen zwei Treffern gegen Lettland zog er mit Matthias Sindelar und Andreas Herzog gleich. Rekordtorschütze Toni Polster hält bei 44 Treffern.

1029 Tage, nämlich zwischen dem 1. Juni 2012 (zwei Treffer beim 3:2 gegen die Ukraine) und dem 27. März 2015 (ein Treffer beim 5:0 in Liechtenstein), konnte Marko Arnautovic kein einziges Tor für Österreich erzielen.

252 Minuten benötigte Marko Arnautovic bisher im Schnitt pro Tor im österreichischen Nationalteam.

5 Länderspiele absolvierte Marko Arnautovic zunächst ohne Tor. Im Oktober 2010 brach er aber dann gegen Aserbaidschan seine Torsperre. Zum 3:0 in der Qualifikation für die EM 2012 steuerte der Wiener in seinem sechsten Spiel im Nationaltrikot dann gleich zwei Treffer bei.

3 Elfmeter hat Marko Arnautovic bisher verwertet. Seine Erfolgsquote ist 100 Prozent, vergeben hat er nämlich im Nationalteam noch keinen einzigen Versuch vom Elfmeterpunkt.

7 Mal gelangen Marko Arnautovic in einem Länderspiel für Österreich zwei Treffer, darunter in drei der vergangenen vier Partien – nämlich in Israel, in Nordmazedonien und gegen Lettland. Mehr als zwei Treffer sind ihm aber noch in keinem einzigen Spiel im Nationalteamdress gelungen.

19 Treffer hat Marko Arnautovic bisher im österreichischen Nationalteam vorbereiten können."

Original-Quelle: Blumenschein (2019)[41]

„Ich liebe Österreich und ich liebe Serbien.
Ich habe überall Familie."[42]
Marko Arnautovic

Zwischen Mensch und Fußballgott:
Was Teamkollegen meinen ...

„Boah, da fällt mir so viel ein ... lustig... talentiert, witzig, ein super Typ, Freund." [43]
David Alaba

„Wir nehmen ihn so wie er ist. Ich finde ihn super! Es gibt auch Tage, wo ich ihn gerne
schlagen würde, aber Gott sei Dank gibt's davon wenige." [43]
Ramazan Özcan

„Oft Spaßvogel, oft übertreibt er es. Aber er hat einen sehr guten Charakter!" [43]
Sebastian Prödl

„Zwischen Genie und Wahnsinn" [43]
Robert Almer

„Ein wichtiger Bestandteil unseres Teams." [43]
Christian Fuchs

„Er ist immer präsent, er ist immer da, aber auf einem Niveau,
das der Mannschaft einfach gut tut." [43]
Zlatko Junuzović

„Sehr verrückter Hund, der es aber jetzt endlich geschafft hat,
das was er kann, auf den Platz zu bringen!" [43]
Martin Harnik

„Genialer Fußballer, super Kerl." [43]
Heinz Lindner

„Genie und Wahnsinn." [43]
Aleksandar Dragović

„Extrovertiert!" [43]
Julian Baumgartlinger

Fußballer des Jahres 2018 – Trainerwahl

Marko Arnautovic ist zum ersten Mal zum Fußballer des Jahres gekürt worden. Der West Ham United-Legionär gewinnt die Wahl der Liga-Trainer vor David Alaba und Xaver Schlager.

Endstand der Wahl zu Österreichs „Fußballer des Jahres 2018"

		Punkte
1. Marko Arnautovic	West Ham United	36
2. David Alaba	Bayern München	16
3. Xaver Schlager	Red Bull Salzburg	10
4. Stefan Lainer	Red Bull Salzburg	9
5. Valentino Lazaro	Hertha BSC	8
6. Peter Zulj	Sturm Graz	7
7. Munas Dabbur	Red Bull Salzburg	5
8. Martin Hinteregger	FC Augsburg	3
8. Andre Ramalho	Red Bull Salzburg	3
8. Stefan Ilsanker	RB Leipzig	3
8. Louis Schaub	1. FC Köln	3
12. Thomas Goiginger	LASK	1
12. Marcel Sabitzer	RB Leipzig	1
12. Amadou Haidara	Red Bull Salzburg	1
12. Julian Baumgartlinger	Bayer Leverkusen	1
12. Hannes Wolf	Red Bull Salzburg	1

Anm.: Zur Wahl standen sämtliche Spieler der heimischen Bundesliga und ÖFB-Legionäre im Ausland. Die Trainer durften keine aktuell beim eigenen Verein tätigen Spieler wählen.
(Punktevergabe: Erster 5 Punkte, Zweiter 3, Dritter 1)

Quelle: Der Standard (21.12.2018)[45]

Für Hartberg-Coach Markus Schopp ist Arnautovic klar die Nummer eins. „Er bringt über einen langen Zeitraum auf extrem hohen Niveau Leistungen, die oft den Unterschied ausmachen, im Nationalteam und bei West Ham." Klaus Schmidt, der Mattersburger Trainer, ergänzt: „Er sorgt bei der Nationalmannschaft für den Unterschied und ist in der Premier League ein wichtiger Spieler, begehrt bei Topvereinen." Arnautovic ist „im Nationalteam der Mann, der für eine Entscheidung sorgen kann", ergänzt Wacker-Innsbruck-Betreuer Karl Daxbacher.[46]

Fußballer des Jahres 2019 – „Kronen Zeitung-Leserwahl"

Einmal geht's noch – diesmal sorgen allerdings die Leser der Kronen Zeitung dafür, dass Marko Arnautovic zum nunmehr zweiten Mal zum besten Kicker des letzten Jahres gewählt wird. Natürlich strahlt der „Krone"-Fußballer des Jahres gemeinsam mit Österreichs bester Fußballerin Viktoria Schnaderbeck.

> „Das ist echt eine geile Sache, jetzt auch in dem Kreis dieser Legenden zu sein! Ich sehe es auch als großen Ansporn, um in Zukunft weiter dieser Ehre gerecht zu werden. (...) Ich denke, dass ich in den letzten Jahren bewiesen habe, dass ich beim Nationalteam immer mit dem Herzen dabei bin und für meine Heimat Österreich alles gebe und geben werde. Dass die Fans meine/unsere harte Arbeit für unser Team und unser Land mitbekommen und honorieren, freut einen schon sehr."[47]

Mit diesen Worten kommentiert der Leistungsträger und Toptorschütze im Nationalteam 2018 die weit über 100.000 Stimmen seiner Fans, die ihn in den Kreis der österreichischen Legenden aufrücken lassen.

„Ich bin enorm gereift, sowohl als Mensch als auch im Sport (...) Ich bin in einem sehr guten Alter mit viel Erfahrung. Somit denke ich, dass die Jungen nach wie vor viel von uns Älteren lernen können und auch müssen. Früher oder später werden sie unseren Platz einnehmen!", so der frischgebackene Wahlsieger. Und damit gönnt er jedem seiner Teamkollegen Erfolge und freut sich mit ihnen mit, denn: „Jeder Gewinn wirkt sich auf uns alle positiv aus – es zählt das große Ganze."[48]

Österreich gegen Schweden (Wien, 06.09.2018)

Von der EM 2020 bis zu WM Katar 2022

© Benke

Ohne Worte

Und nochmals – keine Frage. Marko Arnautovic hat sportlich bereits vieles erreicht, wovon andere Fußballer (in Österreich) träumen können. Und: Er könnte auch noch Österreichs Rekordteamspieler und/oder Rekord-Torschütze werden und wäre damit auf dem besten Weg, eine österreichische Fußballlegende zu werden.

„Mit der Nationalmannschaft will ich unbedingt zur EM und vielleicht sogar noch zur WM – das wäre mein größtes Ziel mit Österreich!"[50]

An der Fitness werde es nicht scheitern, Österreichs Rekordinternationalen Andreas Herzog mit seinen 103 Länderspielen einzuholen, beteuerte der zweifache Familienvater im Oktober 2018, denn: „Ich fühle mich wie 20. Bei mir spielt es keine Rolle, wie alt ich bin. Ich spüre es nicht im Körper und in den Knochen und bin so fit, wie ich vor fünf, sechs, sieben Jahren war."[51]

Im Team jedenfalls kennt der Stürmer sein Ablaufdatum genau: Nach der WM 2022 in Katar wird Schluss sein, denn nach Kasachstan und auf die Färöern zu fliegen – das ist dann nicht mehr das, was er sich vorstellt.

Die Fußballwelt über M.A.

„Es gab einen Krankl, einen Herzog, einen Polster, einen Prohaska - aber Arnautovic stellt sie alle in den Schatten, wenn er sein Potenzial abruft."[52]
Andreas Herzog

„Marko ist ein wichtiger Bestandteil der Mannschaft, daran wird sich nichts ändern. Wir alle kennen seine Qualitäten. Er hat genug Erfahrung, um die für sich richtigen Entscheidungen zu treffen."[53]
Franco Foda

„Er ist vielleicht der talentierteste, sicher aber der umstrittenste Fußballer Österreichs. Marko Arnautovic bewegt die Massen wie ein Popstar."[54]
Boysen, Sonnberge, Hanebeck & Schacherl

„Wir haben einen künftigen Weltklassestürmer gesehen. Sein Name ist Marko Arnautovic." [55]
Sportweek

„In erster Linie ist Marko ein hervorragender Fußballer, der für die ganz besonderen Dinge stehen kann."[56]
Thomas Schaaf

„Das Talent war bei ihm nie eine Frage. Ich glaube, dass er aber auch als Mensch gereift und verantwortungsbewusster geworden ist (...) Er wird in Zukunft noch besser werden."
Ranko Popovic[57]

„Der Eindruck, den ich von Marko im ersten Jahr unserer Zusammenarbeit gewonnen habe, ist menschlich top. Er ist ein Spieler mit unglaublichen Qualitäten, der auch Verantwortung übernimmt."[58]
Franco Foda

„Marko gibt mit jeder Faser seiner Persönlichkeit alles für das Nationalteam. Er zerreißt sich in den Spielen nahezu für Österreich und ist verdient zum Fußballer des Jahres gewählt worden."[59]
Leo Windtner

„Er kann Spiele im Alleingang gewinnen, wenn er in Form ist."[60]
Steve Sidwell

„Er ist einer der lustigsten und verrücktesten Menschen, die ich getroffen habe. Mit ihm wird es nie fad." [61]
Mario Balotelli

Die Medien

Ein gespaltenes Verhältnis

Marko Arnautovics Verhältnis zu den Medien scheint lange Zeit ein ebenso ambivalentes (von in höchsten Tönen gelobt bis massiv kritisiert) wie auch für die Öffentlichkeit zentrales zu sein.

Ja, keine Frage: Marko Arnautovic war in seinen Anfangsjahren sicher kein Kind von Traurigkeit und hat seine jugendliche Drangzeit wie seine Freiheit genutzt.

© Benke

Im Fokus von Fans und Medien
(Öffentliches Training, Wien, 20.03.2017)

Inwiefern dieses Bild auch von der deutschsprachigen Medienlandschaft allerdings genutzt und vielleicht sogar gesteuert ist, ist sicher zumindest Hinterfragens wert. So hält jedenfalls der Journalist Christian Semmelrock in seinem Artikel aus dem Jahr 2013 fest:

„Jeder kleine Fehler, der begangen wurde, wurde von den Medien ausgeschlachtet und in seine Einzelteile zerlegt. Details wurden erfunden, um den Artikel lesenswerter zu machen und den ‚Bad Boy' in ein noch schlechteres Bild zu rücken (...) wer glaubte, dass seriöse österreichische Medien eigene Recherchen anstellten, der irrte sich gewaltig. Immer wieder wurde beinahe 1:1 der gleiche Inhalt wiedergegeben wie er zuvor in Deutschland vorgekaut wurde. Es gab kein Hinterfragen, es wurde einfach so zur Kenntnis genommen, nicht selten fand man noch eine passende zusätzliche Kleinigkeit."[63]

© Benke

Florian Kainz & Marko Arnautovic nach Spielschluss gegen Schweden (Wien, 06.09.2018)

Tja: „In Deutschland haben sie viel gesucht und viel gefunden. Da wurde alles über mich berichtet – egal, was es war. Für sie war das Hollywood, für mich nicht so schön. Für meine Familie auch nicht."[64]

Bemerkenswert ist allerdings aus der Sicht von Marko Arnautovic (und das als Fußballer und Mensch), dass gerade im Falle so manchen Anprangerns sein Verhalten als Sportsmann offensichtlich wird, indem er sich nämlich nach dem einen oder anderen Ausrutscher bzw. impulsiven, emotionalen Sager auch zu entschuldigen versteht. Ob dies dann auch immer so verstanden wird, ist damit ja auch noch nicht gesagt, zumal ihm sehr wohl bewusst ist: „Ich kann keinen anderen Menschen beeinflussen, ob er mich jetzt mag oder nicht."[65]

Vor allem was sein Leistung anbelangt, kümmere es ihn von je her recht wenig, was die Medien schreiben. Den Grund dafür, dass sie keine Ahnung hätten, formuliert er im Juli 2019 wie folgt:

> „Die Medien erzählen viel. Die Medien sind aber nicht Teil des Teams. Sie trainieren nicht mit mir und spielen nicht mit mir, aber in Europa schreiben sie eine Menge über mich. Ich weiß nicht wie es in China ist, aber in Europa schreiben sie viel über mich. Es ist einfach. Ich bin jemand, der alles für sein Team gibt. Ich verteidige mein Team und meinen ganzen Klub."[66]

Denn, so ergänzt er in Richtung Medien: „Ich rede mit euch und habe mit euch meinen Spaß, aber es interessiert mich reichlich wenig, was dann drin steht",[67] sagt Marko Arnautovic. Und genau dieser eher zurückhaltende, vielleicht auch ein wenig resignierende Umgang in der Wahrnehmung und Nutzung von Social Media-Inhalten zeigt sich v.a. auch auf seiner eigenen Instagram-Page, wo er (anders als andere Topspieler) nur sporadisch postet.

Coverstar – Eine Auswahl[68]

Marko A.

Der England-Legionär ist angekommen. Im Nationalteam, beim Verein – und bei sich selbst!

Corner. Das offizielle
ÖFB-Magazin
(Nr. 2, 2018)

HERO ARNIE

ARNAUTOVIC 3.0:

VOM ROTZBUBEN ZUM ZUGPFERD.

Sport Magazin (4/2017)

EURO EXTRA

DIE COOLSTEN STORIES ZUR EM

Auch Österreichs Superstars Arnautovic, Fuchs und Alaba greifen in Frankreich nach den Sternen

Sport Magazin (Juni, 2016)

Marko

Arnautovic

Ballesterer.
(Nr. 102, 2015)

ARNAUTOVIC

MEIN GOTT, Marko!

MÄUSE, MÄDCHEN. MASOCHISTEN?

SO WILD TREIBT ES UNSER BALLGENIE WIRKLICH

Sport Magazin
(Dezember, 2010)

Immer wieder
ÖSTERREICH!

MARKO ARNAUTOVIC IM INTERVIEW: DER SUPERSTAR ÜBER FUSSBALL UND EM (EH KLAR!), ABER AUCH ÜBER FILM- UND FERNSEHKONSUM IN SEINER WAHLHEIMAT ENGLAND

tvmedia (Juni, 2016)

MARKO

ARNAUTOVIĆ

TUT ES

biber
(September, 2013)

Fußball Kronen für Viktoria und Marko

Kronen Zeitung
(19. März 2019)

[Cover: M.A. und
V. Schnaderbeck

Was auf Marko
in China so
alles zukommt

Kronen Zeitung (7. Juli 2019)

6:0! Österreich

ist voll auf

Euro-Kurs!

Kronen Zeitung (7. September 2019)

[Cover: M.A. und K. Laimer]

Selbstverständlich ziert Marko Arnautovics Konterfei mittlerweile bereits zahlreiche Covers und Titelblätter österreichischer Medien – wie die Auswahl der vorangestellten Titel beispielhaft zeigt.

Aber nicht nur auf Titelblättern, sondern auch in Werbeclips ist die Nummer 7 des Nationalteams kurz vor der Europameisterschaft 2016 zu sehen ...

Der perfekte Werbeträger

Unter dem Aspekt „Marko Arnautovic ist ready" bewirbt der ÖFB-Legionär im Jahr 2015 in einem Werbeclipclip für seine Ausrüsterfirma Puma den Fußballschuh evoSpeed.[69] Ein erster Schritt in die Werbebranche ist gemacht und das Video insofern bemerkenswert, als es auf seinen Imagewandel vom „Troublemaker" zum „Playmaker" Bezug nimmt.

Rund ein halbes Jahr später taucht Marko Arnautovic neben David Alaba („I bin a kika") rund um die Europameisterschaft 2016 gleich zum doppelten Werbestar. Und zwar ...

... als „hausbauender Jungvater"

Auf der Suche nach einem charismatischen Werbeträger wird der österreichische Fertighaushersteller Hartl („In einem schönen Gart'l, da steht ein Haus vom Hartl") rechtzeitig vor der Europameisterschaft 2016 in Frankreich im 26-jährigen Marko Arnautovic fündig. Seine Individualität, seine „Ecken und Kanten" passen perfekt ins Konzept Hartl-Haus, so das Waldviertler Unternehmen. Die „Marke Marko" steht für Persönlichkeit und Individualität und spricht somit vor allem die jüngere Käuferschicht an: Er ist bekannt, er kann polarisieren, ist modern und dennoch ein ausgesprochener Familienmensch.[70]

... als „studierender Franzose"

Edelkicker Marko Arnautovic, der im ÖFB-Team vor allem auch als „Schmähbruder" bekannt ist, kann diesem Ruf in diesem Werbevideo einmal mehr vollends gerecht werden. In dreizehn kultigen TV-Werbespots für die Elektronik-Handelskette Media Markt glänzt der Mime Arnautovic (unter der Regie des Schauspielers Michael Ostrowski) als eifriger Schüler und packt rechtzeitig vor der Europameisterschaft im Juni 2016 seine Französisch-Kenntnisse aus.

Einmal mehr kann er das ihm eigene komödiantische Talent unter Beweis stellen, wenn er individuelle Französisch-Nachhilfe von einer Lehrerin erhält, die dem Klischeebild einer „typischen" Französin wohl perfekt nahe kommt. Frankreich total! Frankreich, wir kommen![71]

„MA7" im Spiel gegen Schweden (Wien, 06.09.2018

Die Sprüche

„Ich würde nicht sagen, dass ich ein Popstar bin.
Ich habe eben Sachen gemacht, die andere nicht gemacht haben."[72]
Marko Arnautovic

Markos „Sager" ...

Marko Arnautovics einzigartiges Charisma als Leistungsträger und
Fanliebling basiert vielleicht ebenso sehr auf seinem spielerischen Können
wie auf seinem Selbstbewusstsein, das er gerade in den Anfangsjahren
seiner Karriere mit (dem einen oder anderen nicht immer rühmlichen)
Spruch aufzeigt.

Mit Gründung seiner Familie noch im Bremen sowie dem anschließenden
Vertrag in Stoke-on-Trent vollzieht sich der bemerkenswerte Wandel vom
Bad Boy zum Publikumsliebling.

Immer öfters zeigt sich Marko Arnautovic auch von seiner ernsteren Seite
– wenn auch nach wie vor in seiner „unnachahmlichen" Art bzw.
Ausdrucksweise, womit er sehr oft ganz einfach die Lacher auf seiner Seite
hat. Somit liefert der ÖFB-Star nicht nur seit Jahren auf dem Platz ab,
sondern versorgt die Fußballwelt auch als Sprüche-Lieferant. Er nimmt
sich kein Blatt vor den Mund und eckt auch schon einmal bei seinen Fans
an.

Michael Fiala schreibt etwa zur Ambivalenz und dem Reiz von Fußballern
mit Profil, also Ecken und Kanten, in seinem Kurzstatement „Die 91.
Minute" etwa: „Wie oft muss man hören und lesen, dass die Fußballer von
heute kein Charisma mehr hätten, dass sie in Interviews nur noch
Stehsätze verbreiten, die keinen mehr interessieren. Marko Arnautovic ist
keiner davon"[73]

Wie auch immer: Seine „charismatischen" Eigenschaften lassen zusammen
mit seinen starken Leistungen auch so manche Kritiker verstummen. Hier
ein Auszug seiner unnachahmlichen Wortspenden, also auf typische
„Arnie-Art" ... ohne Anspruch auf Vollständigkeit.[74]

„Trainer, ich schwöre bei meiner Mutter, ich gehe schlafen, ich bin fit,
ich bringe Leistung, ich mache Tor, ich mache Vorlage."[75]
(Marko Arnautovic im Gespräch mit dem Ö3-Callboy, der sich als Didi Constantini ausgab)

„Shampoo!"[76]
(Für Heinz Lindner)

„Wir waren haushoch überlegen, es hätte 8- oder 9-stellig ausgehen können."[77]
(Nach dem 4:1-Sieg über Nordmazedonien in der EM-Qualifikation)

„Sogar Kinder sagten furchtbare Dinge über mich.
Ich dachte: Haben eure Eltern euch keine Intelligenz mitgegeben?"[78]
(Über sein erstes Spiel in Stoke-on-Trent nach seinem West Ham-Wechsel)

„Er liebt mich definitiv mehr als ich ihn liebe!"[79]
(Scherzt über seine Bromance zu West Ham-Kapitän Mark Noble)

„Für mich ist es gleichgültig, ob ich ein Tor auflege oder eine Auflage mache."[80]

„Ohne Ball am Fuß ist mein Kopf kaputt."[81]

... an die Medien

„In Bremen war ich mit jedem gut, da hat mich auch keiner gehasst.
Außer vielleicht die Medien."[82]

„Bei mir wird oft genug eine Ameise aus einem Elefanten gemacht."[83]

„Das sind Leute, die kein Leben, keine Arbeit und keine Ahnung haben.
Sie sitzen halt vor dem Laptop. Mir ist das wurscht, sollen sie."[84]
(Über Kritik in den Sozialen Medien)

„Sobald etwas gut geht, bin ich der Gott von Österreich und Weltklasse. Aber sobald ich
ein Feuerzeug auf den Boden fallen lasse, und die Medien sehen das, dann reden gleich
alle von einer Explosion."[85]

... zum Nationalteam

„David (Alaba, Anm.) ist ein lieber, netter Junge.
Er ist ja der Engel von Österreich, nicht der Badboy."[86]

„Man kann sagen, Marcel Koller ist der Vater einer Familie,
und wir als Kinder harmonieren gut."[87]

„Wenn man zum Nationalteam kommt, habe ich noch keinen einzigen Spieler gesehen, der mit keinem Lachen da reinkommt – außer, muss ich sagen, der Hinteregger, der lacht nie."[88]
(Über Martin Hinteregger und die Stimmung im ÖFB-Team)

„Wir werden uns den Arsch aufreißen und alles dafür tun, jeden einzelnen Österreicher glücklich zu machen!"[89]
(Vor dem EM-Start)

,,, an seine Welt des Fußballs

„Es ist schade, was jetzt passiert, und dass jeder schlecht über mich denkt. Ich will nichts mit Rassismus zu tun haben."[90]

„Ich weiß, was ich von den Trainern habe, und sie wissen, was sie an mir haben. Ich versuche, das Vertrauen zurückzugeben."[91]

„Der erste Faktor sind meine Kinder. Meine Familie hat mir sehr geholfen. Dann kommen sicherlich die Trainer. Man kann schon sagen, dass Koller und Hughes Glücksfälle für mich sind. Beide geben mir das Gefühl, dass ich ein wichtiger Spieler bin."[92]

„Bei mir steht zwar Champions-League-Sieger, aber das bin ich nicht."[93]

„Die Leute reden schlecht über mich, natürlich tut das weh. Aber schauen Sie sich den Mario Balotelli an – der hat das schlimmste Image von allen und spielt trotzdem nur bei Top-Klubs. Weil seine Trainer eben nur auf seine spielerischen Qualitäten schauen."[94]

„Langsam wird mir bewusst, dass ich auf dem Platz zeigen muss, was ich kann – und nicht draußen."[95]

„Danke an alle bei West Ham. Besonderen Dank und Goodbye an die Fans, die immer gut zu mir waren."[96]

„Die Österreicher wollten ja einen Österreicher haben und dann kam da ein Schweizer, der alles verändert und jeden glücklich macht. Und ich bedanke mich, dass er sich für uns entschieden hat. Als er das Angebot der Schweizer Nationalmannschaft und anderen Klubs hatte, ist er bei uns geblieben. Da muss man schon sagen: Hut ab."[97]

... zu Einstellung und Haltung

„Ich habe halt immer das gemacht, was in meinem Kopf war, und das war natürlich der Fehler."[98]

„Ich bin aus Enschede gekommen. Da, wo ich gewohnt habe, waren Kühe und Pferde. Ich habe auf dem Land gelebt. Dann fliegst du ab, landest und auf einmal bist du in einer Großstadt mit Fashion Weeks, Top-Restaurants, Top-Klubs, alles mit 19."[99]

„Ich brauche kein Nachtleben mehr, davon habe ich in Wien und Mailand genug gesehen."[100]

„In die Disco darf ich nicht gehen, diese Freiheit habe ich nicht. Von dem her ist Bad Tatzmannsdorf gut ausgesucht."[101]

„Man kann sich nicht mehr das leisten, was man sich vorher geleistet hat. Ich habe eine große Verantwortung. Die Kids werden älter, können irgendwann Zeitung lesen und googeln, was der Papa so getrieben hat."[102]

„Wenn man einem Fußballer den Ball weg nimmt, ist das wie ein Tod."[103]

„Bis ich nicht tot bin, werde ich spielen."[104]

„Ich werde auf dem Platz stehen und das Gleiche machen, was ich seit zehn Jahren im Nationalteam mache – alles geben."[105]

„Wenn man auf den Platz läuft, die Hymne hört und das Spiel beginnt, dann ist die Nervosität da. Aber eine gute."[106]

„Wir müssen aufhören zu sagen, das ist nur Nordmazedonien, wir brauchen nur einen Punkt. Wir müssen höchst konzentriert sein und mit dem Gedanken reingehen, wir wollen drei Punkte, nicht einen."[107]

„Ich bin nicht müde, ich habe keinen Jetlag und beweise es immer wieder. Wenn sie über mich reden, muss ich sie wieder ruhigstellen."[108]

„Ich spiele so lange, bis mein Körper sagt: 'Marko, jetzt ist es vorbei.' Wenn ich mit 40 noch auf dem Platz stehe – super."[109]

... als Mensch

„Ich weiß, dass ich ein Familienmensch bin und immer bleiben werde."[110]

„Der Glaube und die Familie sind das Wichtigste."[111]

„Ich danke meiner Familie und Gott, dass ich nicht auf die schiefe Bahn geraten bin."[112]

Die Fans und „Mr. 107 Prozent"

Fan-Sein

Was für ein unglaubliches Gefühl es doch ist, wenn man live im Stadion gemeinsam mit über 40.000 Fans einen Sieg oder den Einzug in ein großes Fußballturnier feiern kann! Die Spieler glücklich zu sehen, die uns glücklich machen – auch das scheint ein Ziel von Fußballspielen zu sein.

© Benke

EM-Qualifikationsspiel Österreich gegen Slowenien (1:0)
Wörthersee Stadion (Klagenfurt, 07.06.2019)

So ist es auch erklärbar, dass trotz der schlechten Leistung des Nationalteams bei der Europameisterschaft 2016 in Frankreich das Wiener Ernst-Happel-Stadion bei den darauffolgenden Spielen stets ausverkauft ist: Wahre Fans stehen hinter dem Team, unterstützen es weiterhin und motivieren die Spieler auf ein Neues. Und freuen sich mit, wenn ihr Team auf einem guten Weg ist, sich für das nächste Großereignis (wie etwa die Euro 2020) zu qualifizieren.

Aber gerade nach einer (oder erst recht mehreren) Niederlage(n) gilt: Das Leben geht weiter ... in schlechten Zeiten weiter zu kämpfen und zusammen zu halten – das macht ein Team sowie die Fans aus!

© Benke

„Wir sind das Feuer, das stets weiter brennt." (Hurricanes)
Fankurve im Ernst Happel Stadion (Wien, 10.06.2018)

Ein Fan fiebert mit, bei jeder Ecke und jedem Freistoß. Geht der Ball knapp am Tor vorbei, gibt die Menge ein „Raunen" von sich, applaudiert aber sofort für den guten Torversuch. Ein Foul, eine gelbe Karte oder eine Fehlentscheidung – Fans sind sehr emotional und zeigen ihre Gefühle auch lautstark in schönen Fangesängen oder Schlachtrufe.
Stimmung ins Stadion zu bekommen und die Spieler am Feld zu pushen ist ein wichtiger Teil eines Matches. So sind auch gewisse Traditionen oder Fanchoreographien der „Hurricanes" für das österreichische Nationalteam ein gemeinsames Markenzeichen von Fans und dem Team gleichermaßen, so wie auch die „inoffizielle Bundeshymne" des ÖFB-Teams „I am from Austria" (Reinhard Fendrich).

„Marko"-Fan-Sein

„Man steht auf und man geht schlafen und denkt an sein Idol ... und dazwischen denkt man ohnehin immer wieder einmal an sein Idol" – so ähnlich könnte sich so mancher „wahrer" Fan wohl fühlen.

© Benke

Fan-Sein: Nicht mehr – aber schon gar nicht weniger!

Denn: Fußball-Fan zu sein ist etwas ganz Besonderes. Im Stadion zu schreien bis die Stimme schwindet, hüpfen bis die Füße weh tun, die Spiele bis über die letzten Minute hinaus live zu verfolgen und in guten wie in schlechten Zeiten hinter dem Team zu stehen – das ist die eine Seite einer „wahren" Fan-Beziehung.

Auf deren anderer Seite stehen ein (oder stehen mehrere) Spieler mit dem obersten Ziel, Spiele zu dominieren, Titel zu erreichen, Wettbewerbe zu gewinnen und die Fans mit seiner (oder ihrer) Leistung am Platz zu begeistern.

Genau solch ein Spieler ist Marko Arnautovic: Er begeistert nicht nur viele Österreicher – er begeistert auch mich!

Und zwar nicht nur aufgrund seiner fußballerischen Leistungen. Denn um für Fans ein „richtiges Idol" zu sein, braucht es viel mehr: Es braucht Persönlichkeit und einen starken Charakter – diesseits und jenseits des Spielfeldrandes!

Was Marko Arnautovic den Fans gibt ... und umgekehrt!

Fußballer von Liverpool FC oder Real Madrid zu treffen ist mehr als besonders. Denn berühmte Personen wie diese sieht man nicht alle Tage bzw. kann/darf man nicht oft sehen. Aber auch Marko Arnautovic zählt zu diesen Spielern. Vor ihm zu stehen und ein Autogramm zu bekommen oder ein Foto mit ihm zu schießen ist ein nicht nur ein kribbelndes und besonderes Gefühl. Es zeigt auch die besondere Zuneigung von Marko Arnautovic zu seinen Fans.

© Benke

Glücksmomente! „Zeitungsübergabe" zum 30er
Öffentliches Training (Klagenfurt, 02.06.2019)

Egal ob weiblich oder männlich, jung oder alt – der österreichische Fanliebling mit den vielen Tattoos ist stets für „seine" Fans da! Er nimmt sich bei öffentlichen Trainings für jeden Zeit, bleibt bis zum Schluss und lässt somit offensichtlich keinen seiner Fan aus. Er wirkt dabei auf seine Art und Weise „lässig" und ist immer er selbst.
Aber auch Fußballschuhe oder Trikots von ihm zu bekommen ist nicht nur etwas ganz Einzigartiges, es unterstreicht noch einmal seine starke Verbindung zu seinen Fans.

Für einen wohl der bewegendsten Momente sorgt der „Sieger" Marko Arnautovic, als er im Anschluss an das Heimspiel gegen Nordmazedonien im Ernst-Happel-Stadion die Ehrenrunde für die Fans des Nationalteams barfüßig (!) fortsetzt. Im Moment des größten Triumphes (der geglückten EM-Qualifikation 2020 nämlich) setzt er nach Spielabpfiff eine zutiefst menschliche Geste und teilt so sein Glücksgefühl mit einem jungen Fan: „Ein Kind im Rollstuhl hat mir nach Schlusspfiff gewunken. Und mir bedeutet es sehr viel, dass ich ihm eine Freude mit meinen Schuhen gemacht habe",[114] erläutert der 30-Jährige.

© Benke/Video-Screenshot

Österreich gegen Nordmazedonien – EM-Qualifikation (2:1)
(Wien 16.11.2019)

Eine Geste wie diese spricht für sich und verrät wohl viel über den „Menschen Marko Arnautovic" als so manches Wort.
Was wir Fans an ihm lieben, sind also nicht nur seine fußballerischen Fähigkeiten. Es ist seine Zuneigung zu den Fans, seine Treue zum Team – und schlussendlich natürlich sein Humor!

Aber umgekehrt gilt auch: Sein Idol traurig zu sehen, wenn dieser viele Torchancen vergeben hat, nicht zum Einsatz gekommen ist, „unnötige"

Verwarnungen bekommen hat und von Fußballfans ausgebuht und sogar „gehasst" wird, ist wohl das Schlimmste. Man könnte sagen, es fühlt sich so an, als sei die ganze Welt nicht nur gegen deinen persönlichen Lieblingsspieler, sondern auch gegen einen selbst.

Doch auch Fußballer wie Marko Arnautovic haben eine sensible Seite und brauchen in schweren Zeiten Unterstützung. Und das nicht nur von der Familie und Freunden. In solchen „Down-Phasen" ist es umso wichtiger, dass man zusammen mit anderen Fans hinter ihm steht – egal wie stark die andere oder Gegen-Seite ist.
Und das sieht offenbar auch der Nationalspieler selbst sehr klar, wenn er meint: „Die, die kommen – Hut ab, Respekt. Fans, die nicht kommen, sollen zu Hause bleiben und gar nicht mehr kommen. Entweder man steht hinter dem Nationalteam oder nicht."[115]

© Benke

Österreich gegen Slowenien – EM-Qualifikation (1:0)
(Klagenfurt, 07.06.2019)

Aber nicht nur „Gegenwind" für sein Idol ist schwer auszuhalten. Auch längere Sommer- und Winterpausen fallen wohl jedem Fan schwer. So können schon zwei Wochen Pause eine Qual sein, vor allem wenn man es gewohnt ist, wöchentlich die Spiele seines Lieblingsteams bzw. -spielers mit zu verfolgen.

Verletzungen bedeuten nicht nur für den Spieler einen großen Rückschlag, sie bedeuten auch für den Fan emotionale Durststrecken und lassen ihn gleich „doppelt" mitleiden. Aber genau in diesen Momenten heißt es aufzustehen und seinen Spieler noch mehr zu unterstützen.

Interessant ist in dieser Hinsicht auch, wie unterschiedlich der Fußballer wiederum „menschliche" Gesten seiner Fans wahrnimmt:

> „Es ist überall anders. In Holland gehst du auf die Straße und wirst von jedem gegrüßt, da will jeder freundlich sein. Dann gehst du nach Deutschland, dort ist es wieder kühl. Wenn da einer zu dir kommt, sagt er vielleicht ‚Hallo'. Das war's. In Italien ist es wieder anders, da ist jeder deppert nach Fußball. Wenn du in ein Restaurant gehst, musst du oft nichts zahlen, weil sie das als eine Ehre empfinden. In Holland war ich natürlich jünger, es war eine sehr kleine Stadt, und es war nicht viel zu machen. Mailand war eine Metropole, da habe ich mein Leben gelebt und alles, was ich gesehen habe, war für mich Gold. Dann bin ich wieder in eine kleine Stadt gegangen, nach Bremen. Da haben sich alle Leute gedacht: ‚Der kommt von Inter Mailand, der wird uns die Spiele gewinnen.' Dann kommst du nach England, und alles ist entspannt."[116]

National

„Rackert, kämpft, läuft, das ist Arnautovic." (ÖFB Fan1)

„Es ist unser Lieblingsspieler." (ÖFB Fan2)

„Er trägt die Sieben." (ÖFB Fan3)

Quelle: DAZN (Feature, Teil 3)[117]
[Videotranskription]

International – West Ham United

„Er ist der wichtigste Faktor. Alles steht und fällt mit Arnautovic." (West Ham Fan1)

„Seine Einstellung war nicht gut." (West Ham Fan3)

„Seine Einstellung hat sich verändert." (West Ham Fan4)

„Zuerst die Rote Karte, dann die Verletzung. All diese Dinge." (West Ham Fan5)

„Als wir Fans begonnen haben ihn zu unterstützen, hat er begonnen für uns zu spielen."
(West Ham Fan6)

„Jetzt liefert er." (West Ham Fan7)

„Er ist unser wichtigster Mann." (West Ham Fan8)

„Ohne ihn würden wir keine Spiele gewinnen. Er ist sehr wichtig." (West Ham Fan9)

„Er ist unser Glücksbringer. Er ist unglaublich." (West Ham Fan10)

„Jeder liebt ihn." (West Ham Fan11)

„Der beste Spieler, den wir haben." (West Ham Fan12)

„Er ist unersetzbar für West Ham." (West Ham Fan13)

„Wir brauchen ihn, um Spiele zu gewinnen." (West Ham Fan14)

„Er weiß nicht mal, wie wichtig er ist. Er ist auf dem Weg, eine Legende zu werden."
(West Ham Fan15)

Quelle: DAZN (Feature, Teil 1)[118]
[Videotranskription]

M.A. im Spiel gegen Schweden (Wien, 6.9.2018)

Der Mensch hinter dem Fußballer

„Das Einzige, was ich brauche, ist meine Familie."[119]
Marko Arnautovic

M A. - Öffentliches Training (Bad Waltersdorf, 07.09.2018)

Säule Nr. 1: Seine Familie!

Wunderkind, hochtalentiert, polarisierend, anstrengend bis exaltiert usw. – so wird Marko Arnautovic in seinen Charakterzügen von Wegbegleitern und Trainern beschrieben. Eigenschaften, deren Wurzeln in einer nicht immer einfachen Kindheit und Jugend gelegen sind?
Was ihm schon sehr früh bescheinigt wird, sind eine unbändige Energie, mit der er sich mit anderen messen kann und seine Entschlossenheit, im Leben zu glänzen. Und er gesteht in einem Interview sogar noch ein:

„Ich hatte damals nicht so ein gutes Umfeld. Einige meiner Freunde sind ins Gefängnis gegangen. Das hätte auch mir passieren können, hätte ich es nicht als Fußballer geschafft. Jetzt danke ich tausend Mal meiner Familie und Gott, dass es nicht so gekommen ist."[120]

Somit stehen seine wilden, turbulenten Fußball-Lehr- und Wanderjahre auch ganz klar jener reifen Phase entgegen, in der seine Beziehung zu seiner späteren Ehefrau sowie seine zweifache Vaterschaft den Wendepunkt insgesamt markieren sollten.

Spätestens mit der Geburt seiner ersten Tochter Emilia im Juli 2012 und der Hochzeit mit seiner Frau Sarah (sie ist Deutsche mit polnischen Wurzeln) im Sommer desselben Jahres ist Ruhe in das Privatleben des Werder Bremen-Kickers eingekehrt. Und dafür kennt der Fußballer selbst vor allem einen Grund: „Dann kamen die Kinder. Da ist mir etwas aufgegangen. Ich habe mir vorgenommen, zurückzuschalten, weil ich meinen Töchtern Gutes mitgeben will. Ich will nicht als ‚Bad Boy' dastehen."[121]

Somit hat sich nicht nur ein Wandel vollzogen, sondern auch ein langer Entwicklungsprozess sein Ende gefunden, wie dies so treffend sein Berater Leonhard Pranter im März 2019 resümierend beschreibt: „Er ist gereift und nimmt sich Sachen zu Herzen. Marko ist sensibel, auch wenn man das manchmal nicht glauben mag, wenn man ihn nur oberflächlich kennt. Er ist ein sensibler Mensch."[122]

Mit der Übersiedlung (zusammen mit seiner Frau und seiner Erstgeborenen Emilia) zum Premier League-Klub Stoke FC lässt sich die Jungfamilie auch etwas außerhalb von Manchester nieder. In einem Interview mit dem Magazin *ballesterer* gesteht er auch zu seiner örtlichen Verwurzelung zur Stadt Stoke-on-Trent selbst: „Ich war noch nie in der Stadt. Wenn ich unterwegs bin, dann eher in Manchester. Aber das auch nur selten. Da gibt's das Trafford Centre, das ist wie die Shopping City Süd in Wien. Aber da gehst du etwas essen oder shoppen und bist wieder draußen. Für mich ist es das Beste, meine Ruhe zu haben."[123]

Der Alltag orientiert sich ohnehin für ihn und die gesamte Familie am Training – und dies vor allem auch in der Millionenmetropole London: „Ich kenne abseits von meinem Arbeitsweg recht wenig. Ganz selten gehen wir in die Stadt, wir bleiben lieber am Stadtrand. Ich könnte hier aber auf lange Sicht nicht leben. In London ist es viel zu stressig, zudem gibt es nonstop Stau. Die Lebensqualität ist nicht so hoch, trotzdem freuen wir uns, hier leben zu können."[124]

Einen interessanten Einblick in den Lebensalltag als Familienvater und Fußballer seiner Londoner Zeit gewährt Marko Arnautovic im April 2019. Und der erste Teil dieses Interview für DAZN und SPOX wird hier im Wortlaut wiedergegeben:

„Ich habe es allen bewiesen"

„Herr Arnautovic, wie sieht ihr Alltag in England aus?
Marko Arnautovic: Viele erwarten, dass mein Leben spektakulär ist. Das ist es ganz und gar nicht. Ich stehe früh auf und fahre in die Arbeit zum Training. Danach geht's nach Hause, wo das Familienleben wartet. Die Kinder sind meistens schon von der Schule zurück.
Ist Fußball denn Arbeit für Sie?
Arnautovic: Es macht Spaß, Fußball zu spielen, aber es ist immer noch Arbeit. Ich habe das Glück, das Zeug zum Profifußballer zu haben, das spornt mich im Alltag an. Es kann anstrengend sein – nicht unbedingt körperlich, sondern was den mentalen Aspekt betrifft. Es ist Kopfsache, Tag für Tag zum Training zu fahren und zu analysieren, wo man sich verbessern könnte.
Wie sieht Ihr Weg in die Arbeit aus?
Arnautovic: Der Weg ist ganz schön lang. Um 8 Uhr geht es los, die Fahrzeit beträgt rund 80 Minuten. Ich wohne auf der anderen Seite von London. Mit der Zeit wird das Pendeln sehr anstrengend.
Deshalb leisten Sie sich einen Fahrer, der Sie zum Training chauffiert.
Arnautovic: Die Position beim Fahren ist nicht die beste, deine Muskulatur ist ein wenig angespannt. Zwei Tage pro Woche fahre ich selbst, aber ich versuche so oft wie möglich, mir einen Fahrer zu nehmen. So kann ich Telefonate führen, Nachrichten schauen oder noch etwas entspannen.
Warum wohnen Sie nicht näher an Ihrem Arbeitsplatz?
Arnautovic: Wir finden die Gegend um Richmond und Wimbledon sehr schön. Da lässt es sich gut im Park spazieren oder etwas Essen gehen. Zudem hat sich hier eine kleine heimische Community gebildet. Es gibt etwa deutschsprachige Schulen und eine Kirche, die auf Deutsch Gottesdienste abhält, was meiner Frau sehr wichtig ist. Es leben auch einige Österreicher in unserem Viertel. Erst vor wenigen Tagen lernte ich eine Frau im Supermarkt kennen, die in der österreichischen Botschaft arbeitet.

Wie laufen solche Treffen ab? Kommen diese Personen auf Sie zu?

Arnautovic: Ja klar, ich erkenne sie ja nicht. (lacht) Es ist schön, wenn du deine Landsleute um dich hast und auch einmal Deutsch oder Wienerisch reden kannst. Es ist eine sehr ruhige Gegend, wir sind aber trotzdem nur eine halbe Stunde vom Stadtzentrum entfernt. Auch die Kinder fühlen sich wohl, das ist besonders wichtig.

Wie ist es, in einer Fußballerfamilie zu leben?

Arnautovic: Ganz normal wie bei jedem anderen auch. Wir haben keinen Vorteil gegenüber den anderen. Zwei Stunden tägliches Training klingt nach wenig Aufwand. Aber ich bin von 8 bis 15 Uhr unterwegs. Dann bringe ich die Kinder in den Schwimm-, Ballett- oder Reitkurs. Erst nach dem Abendessen haben meine Frau und ich etwas Zeit für uns. Im Sommer ist es ein wenig anders. Wir haben einen Monat frei und können überall hin in den Urlaub fliegen. Das ist vielleicht einer der kleinen Vorteile, die wir Fußballer haben.

Wie schwierig ist es, die Profikarriere mit dem Leben als Familienvater zu vereinen?

Arnautovic: Die Wochenenden verbringen wir so gut wie nie mit der Familie. Eine Nacht vor jedem Spiel verbringen wir als Team im Hotel. Es ist stressig, aber wir haben uns für dieses Leben entschieden. Ich habe meine Qualitäten vom lieben Herrgott bekommen und kann mich nicht beklagen.

Vermissen Sie das Leben in Wien?

Arnautovic: Wien bedeutet mir sehr viel. Ich bin dort geboren, alle meine Freunde sowie meine Eltern und mein Bruder leben dort. Ich sehe sie nicht jeden Tag, nicht einmal jede Woche oder jeden Monat. In Wien bekomme ich sie hin und wieder zu sehen, deshalb freue ich mich sehr darüber.

Wie oft telefonieren Sie mit Ihrer Familie?

Arnautovic: Jeden Tag. Es wäre schlimm, wenn es nicht so wäre. Zumindest ein kurzer Check, ob alles in Ordnung ist, muss möglich sein."

Original-Quelle: SPOX[125]

„Arnie" genießt sein beschütztes Familienleben seit einigen Jahren schon in vollen Zügen, gewährt nur eher sporadisch Einblicke ins Private in Interviews oder Postings in den Sozialen Medien und fordert sogar umgekehrt immer wieder Respekt vor seiner Privatsphäre ein bzw. will er diese auch entsprechend gewahrt wissen. Denn: „Meine Familie, meine Frau und meine Kleinen kommen in jeder Lebenslage immer an erster Stelle."[126]

Diese weiche, fürsorgende Seite erfährt vor allem seine Familie und nur innerhalb dieser kann sich der zweifache Vater auch so richtig fallen lassen. Nur für seine Familie lebt er – ja, er bezeichnet sie als sogar als sein größtes „Hobby" (siehe Steckbrief). Für die Familie, aber allem voran für seine drei „Engel"[127] (so die Selbstbezeichnung für seine Mädels), macht der Familienmensch alles. Und genießt es auch zusammen mit ihnen, etwas „Luxus-Leben" (etwa mit dem Privatjet in dem Urlaub, Autos und einen Chauffeur etc.) zu „kaufen".[128]

Aber selbst im Genuss setzt er in seiner Vaterrolle klare Grenzen, indem er etwa einmal der einen und dann der anderen Tochter nicht immer alles (sofort) ermöglicht bzw. für sie kauft. Und auch in diesem Moment gilt für die beiden:

> „Sie hat alle Möglichkeiten, aber sie bekommt nicht alles. Ich will ihr beibringen, dass es Grenzen gibt. Wenn sie zum Beispiel später mal ein neues Handy haben möchte, kann sie das nicht immer sofort haben. Es ist aber auch nicht so, dass ich als Kind damals nichts bekommen hätte."[129]

„Für mich ist der Glaube an Gott
mein absolutes Lebensmotto."[130]
Marko Arnautovic

Säule Nr. 2: Sein Glaube!

Eine weitere wichtige Säule neben der Familie stellt in seinem Leben der Glaube dar. „Diese beiden Dinge sind für mich das Wichtigste. Jeder in meiner Familie ist gläubig." Der Glaube helfe ihm, im knallharten Profi-Geschäft mit Drucksituationen umzugehen. Und: „Es gibt Phasen, wo dich Leute kritisieren. Wo sie dich richtig traurig oder sauer machen (...) Das musst du wegstecken können."[131]

Marko Arnautovic praktiziert seinen Glauben serbisch-orthodoxer Prägung, indem er regelmäßig betet aber auch – wann immer es ihm möglich ist – die Kirche besucht.

Aber auch wenn er den Platz betritt, bekreuzigt sich der Fußballer und blickt in diesem Ritual gegen den Himmel zum Himmel: „Ich bete das ‚Oce nas' – das orthodoxe Vaterunser. Wenn ich bete, dann für die Gesundheit meiner Familie und nicht, weil ich fünf Lamborghini fahren möchte. Für mich ist der Glaube an Gott mein absolutes Lebensmotto. Ohne ihn wären wir alle nicht hier."

Sein tiefer Glauber spiegelt sich auch in „mehr als der Hälfte" seiner Tattoos wider. Das Vaterunser habe ich am Unterschenkel tätowiert und eines am Unterarm in kyrillischen Buchstaben nimmt mit „Bog da me cuva" (Gott beschütze mich) ebenfalls Bezug auf Gott. Zudem hat jedes einzelne Tattoo einen Bezug zu seinem Leben:

> „Besonders wichtig sind mir aber auch die, bei denen es um meine Familie geht. Meine Tochter hier auf meiner Brust und die Namen meiner Familienmitglieder. Mein Bruder, meine Mutter, mein Vater und meine Frau. Manche sind auf Deutsch, manche in anderen Sprachen oder Schriftarten, damit man sie nicht so gut lesen kann. Mein erstes Tattoo ist auf Arabisch – das ist mein Name. (...) Simao hat als Erster ein arabisches Tattoo gehabt. Ich habe mir gedacht, das schaut ganz lässig aus."[132]

Wie er überhaupt auch eine Nähe zu Sprachen hat. Viele davon habe er schon in der Schulzeit gesprochen, den Rest eben im Lauf seiner fußballerischen Karriere erlernt. Viele Sprachen und zahlreiche Kulturen, in denen er mehr oder weniger lange zuhause gewesen ist.

Wie schwierig es allerdings auch für die gesamte Familie ist, von den Stationen des Fußballers abhängig zu sein, beschreibt seine Ehefrau Sarah in einem Interview im März 2019: „Es ist schwer, mit den Kindern immer wieder alles neu aufzubauen. Es tat besonders weh, als wir aus Manchester weg mussten. Weil die Kinder all ihre Freunde verloren haben. Freunde sind besonders wichtig im Leben."[133]

Insofern bedeutete die Entscheidung, das Top-Angebot im Reich der Mitte anzunehmen, zunächst auch eine räumliche Trennung von seiner Familie, die noch einige Monate in London blieb.

Aber auch das Leben in Shanghai sei interessant und zusammen mit seiner Familie bewohnt der Topstar eine Wohnung im Zentrum der 26-Millionen-Einwohner-Metropole. Im Pendeln zwischen seinem hochprofessionell geführten Club und seinem Zuhause unterstützt ihn sein Fahrer und gleichzeitiger Privatbetreuer, der rund um die Uhr für ihn da ist. Auch wenn sich der Alltag sich im Grunde wie überall in Europa gestaltet, gilt doch nur: „Du gehst zum Training, spielst und gehst wieder nach Hause."[134]

Es scheint ein Markenzeichen diese Ausnahmefußballers zu sein, dass er sich immer gut zwischen mehreren Positionen zurechtfindet. Denn so wie der Fußballer offensiv nahezu ein Allrounder bzw. beidbeinig ist, fühlt sich der Mensch Marko Arnautovic ganz selbstverständlich in zwei familiären Welten bzw. Kulturen – der österreichischen und der serbischen – zuhause.

Was also für Außenstehende wie eine Zwiespalt anmutet, ist für ihn gelebte Selbstverständlichkeit. Gerade aber weil dieses Thema (auch medial) immer wieder mal aufpoppt, hat er diesbezüglich nur einen Wunsch: „Ich will einfach, dass die Leute akzeptieren, dass ich zwei Wurzeln habe. Ich liebe beide Länder. Und ich bin stolz darauf und froh darüber, für Österreich zu spielen."[135]

Und es klingt wie ein vorläufiges Zwischenresümee, wenn Marko Arnautovic meint:

„Ich bin diesen Weg gegangen, er war nicht immer der leichteste oder ein guter, doch ich bin durch diesen Weg durchgekommen. Ich bin froh darüber, wie ich jetzt bin. Ich bin viel gelassener und ruhiger und denke viel mehr darüber nach, bevor ich etwas mache."[136]

Seine nächsten Schritte

Nach dem Ende der Fußballerkarriere strebt die Familie Arnautovic – vielleicht ein wenig überraschend – einen Wohnsitz in München an. „Das hat nichts mit Österreich zu tun. Wir haben uns für München entschieden, weil wir von dort aus schnell in Wien sein können, aber auch nicht weit von den Eltern meiner Frau entfernt sind. Zudem sind die Flugverbindungen von München aus exzellent. Ich hätte nichts gegen ein Leben in Wien, aber ich spüre die Lust nicht so sehr, dort leben zu wollen."[137]

Wie immer die Entscheidung ausfallen und was auch immer diese beeinflussen wird: Marko Arnautovic wird seinen Weg nur mit seiner Familie gehen und Gott möge ihn und seine Familie beschützen!

Ob sich sein Weg in China fortsetzt (auch sein beruflicher und familiärer Alltag ist angesichts des grassierenden Corona-Virus alles andere als einfach bzw. unkompliziert) oder er doch den Weg zurück in die Top-Ligen Europas wagen wird, ist offen: Wie wichtig er jedoch gerade für seinen letzten Top-Club West Ham United gewesen ist und welche Eigenschaft an ihm geschätzt wird, ist in einem aktuellen britischen Beitrag vom Feber 2020 zu lesen:

„A lot of West Ham fans won't like to admit it, but the Irons are struggling without Marko Arnautovic (...) West Ham have been strung by his exit – during his time at the London Stadium, the ex-Stoke City man largely showed he was a fighter, something that is really lacking in the team right now."[138]

„Ich bin dankbar für meine Familie, dass ich mein Hobby zum Beruf machen konnte und bin stolz auf meine bisherige Profi-Laufbahn – sowohl auf Klub-Ebene also auch Nationalteam-Ebene!"

Marko Arnautovic[139]

Wie lange Marko Arnautovic jedoch noch national und international fußballern wird, ist für ihn – wie er in einem der Interviews zu seinem 30. Geburtstag angemerkt hat – selbst noch offen:

„Ibrahimovic hat einmal etwas Gutes gesagt: 'Dein Alter steht auf dem Papier, aber nicht in deinem Körper (...) Ich fühle mich noch immer fit und jung."

Marko Arnautovic[140]

Bildanhang

© Benke

Eindrücke
Öffentliches Training (Wien, 20.03.2017)

© Benke

Unter Fans
Öffentliches Training (Wien, 20.03.2017)

© Benke

Immer vollster Einsatz im Team!
Freundschaftsspiel Österreich gegen Brasilien 0:3 (Wien, E.-Happel-Station, 11.06.2018)

Modellathlet mit coolen Tattoos
(Öffentliches Training in Klagenfurt, 02.06.2019)

Stets auf der Hut!
Öffentliches Training (Klagenfurt, 02.06.2019)

Mit Teamchef Franco Foda (Öffentliches Training in Klagenfurt, 02.06.2019)

Mr. 107 Prozent – auch im Training (Öffentliches Training in Klagenfurt, 02.06.2019)

Warm-up gegen Schweden (Wien, 06.09.2018)

Einlaufen gegen Schweden (Wien, 06.09.2018)

Warm-up (mit P. Zulj) bzw. M.A. im Spiel gegen Schweden (Wien, 06.09.2018)

Torjubel unter Freunden: Torschütze David Alaba (2:0) mit „Vorbereiter" M.A.
Freundschaftsspiel: Österreich gegen Schweden (Wien, 06.09.2018)

Torjubel unter Freunden: Torschütze David Alaba (2:0) mit „Vorbereiter" M.A.
Freundschaftsspiel: Österreich gegen Schweden (Wien, 06.09.2018)

Österreich gegen Slowenien (1:0) – EM-Qualifikation
(Klagenfurt, 07.06.2019)

Warm-up: EM-Qualifikationsspiel Österreich gegen Slowenien
(Klagenfurt, 07.06.2019)

Österreich gegen Nordmazedonien – EM-Qualifikation (2:1)
(Wien, 16.11.2019)

© Benke

Öffentliches Training (Bad Waltersdorf, 07.09.2018)

© Benke

Fan-Sein

Quellen

Marko Arnautovic-Social Media

Marko Arnautovic: m.arnautovic7 [instagram-Seite von Marko Arnautovic]
Marko Arnautovic: http://www.markoarnautovic.com/ [Webseite von Marko Arnautovic]

Spielerprofile

Marko Arnautovic. URL: https://www.oefb.at/Spieler/464159/?Marko-Arnautovic
Marko Arnautović. URL: https://de.wikipedia.org/wiki/Marko_Arnautović
Marko Arnautović. URL: https://www.transfermarkt.at/marko-arnautovic/profil/spieler/41384
Marko Arnautovic. URL: https://www.12termann.at/tag/marko-arnautovic/
Marko Arnautovic. URL: https://www.soccerbase.com/players/player.sd?player_id=49593

Beiträge mit Autoren („biographisch aufsteigend")

Hellmann Frank (2010). Arnautovic: Ein Rüpel zum Verlieben. In: Abendzeitung München (20.9.2010). URL: https://www.abendzeitung-muenchen.de/inhalt.mehr-fussball-marko-arnautovic-ein-ruepel-zum-verlieben.0508f0c1-b63d-46cd-aa05-2a6bfa0755d8.html

Urech Sam (2010). Marko Arnautovic reiht Eklat an Eklat: Ösi-Rüpel nervt Werder Bremen. In: Blick (11.10.2010). URL: https://www.blick.ch/sport/fussball/international/bundesliga/marko-arnautovic-reiht-eklat-an-eklat-oesi-ruepel-nervt-werder-bremen-id62883.html

Ihle Christian (2011). Schmähkritik: Paul Scharner über Marko Arnautovic (30.7.2011). In: TAZ.blogs URL: http://blogs.taz.de/popblog/2011/07/30/schmaehkritik_430_paul_scharner_ueber_marko_arnautovic_werder_bremen/

Völkl Oliver (2012). Umstrittener Österreich-Export, Marke Arnautovic: Marko Arnautovic bei Werder Bremen. In: Focus (30.3.2012). URL: https://www.focus.de/sport/fussball/bundesliga1/werder-bremen-umstrittener-oesterreich-export-marke-arnautovic_aid_723338.html

Rilke Lukas (2012). Österreichs Angreifer Arnautovic: Neustart dank Emilia. In: Der Spiegel (11.9.2012). URL: https://www.spiegel.de/sport/fussball/marko-arnautovic-der-stuermer-will-oesterreich-zum-sieg-schiessen-a-854887.html

Sauer Cord (2012). Drei Tore von Arnautovic! Werder schlägt die TSG 4:1! In: Werder Bremen (2.12.2012). URL: https://www.werder.de/de/aktuell/news/profis/20122013/spielberichte/bundesliga/spielbericht-hoffenheim

Schabelon Thorsten(2013). BVB-Gegner Werder Bremen muss ohne Marko Arnautovic auskommen. In: NRZ (17.1.2013). URL: https://www.nrz.de/sport/fussball/bvb/bvb-gegner-werder-bremen-muss-ohne-marko-arnautovic-auskommen-id7494002.html

Semmelrock Christian (2013). Die Rolle der Medien in der Karriere von Marko Arnautovic. In: abseits (1.5.2013). URL: https://abseits.at/in-depth/gesellschaft-ethik/die-rolle-der-medien-in-der-karriere-von-marko-arnautovic

Pesendorfer David (2013). Jetzt rede ich! Werders Bad Boy redet nach seiner Suspendierung im News-Interview Klartext. In: News (2.5.2013). URL: https://www.news.at/a/marko-arnautovic-jetzt-rede-ich-interview-suspendierung-werder-bremen

Goigitzer David (2015). Marko Arnautovic – Die umfassende Spieleranalyse. In: wechselpass (2015). URL: https://www.wechselpass.at/blog/marko-arnautovic-spieleranalyse-2/

Boysen Mareike, Sonnberger Mario, Hanebeck Martin, Schacherl Benjamin (2015). Mehr leise als laut (21.5.2015). URL: https://ballesterer.at/2017/11/12/mehr-leise-als-laut/

Schacherl Benjamin, Hanebeck Martin, Sonnberger Mario (2015). „Ich bin kein Showman mehr". In: ballesterer (21.5.2015). URL: https://ballesterer.at/2017/11/12/ich-bin-kein-showman-mehr

Strecha Alexander (2015). Marko Arnautovic: „Ich war damals nicht zu stoppen": Von Skandalnudel zum Führungsspieler. In: Kurier (16.11.2015). URL: https://kurier.at/sport/fussball/marko-arnautovic-im-interview-ueber-die-wandlung-von-der-skandalnudel-zum-fuehrungsspieler/164.026.158

Böni Andreas (2015). Stoke-Star Marko Arnautovic: „Ich bin stolz auf Shaq!". In: Blick (30.12.2015). URL: https://www.blick.ch/sport/fussball/stoke-star-marko-arnautovic-ich-bin-stolz-auf-shaq-id4504467.html

Kessler Philipp (2016). Ösi-Star Marko Arnautovic: „Nur in der Küche ist meine Frau der Boss." In: Bild (12.6.2016). URL: https://www.bild.de/sport/fussball/em-2016/nur-in-der-kueche-ist-meine-frau-der-boss-46249074.bild.html

Drosg Stefanie (2017). Saisonrückblick Stoke City 2016/17 – Marko Arnautovic im Fokus. In: 12terMann (31.5.2017). URL: https://www.12termann.at/legionaere/england/premier-league/saisonrueckblick-stoke-city-201617-arnautovic-bachmann/

Altmann Peter (2017). Arnautovic lebt mit „Hatern" - Stoke wundert ihn. In: Laola1 (31.8.2017). URL: https://www.laola1.at/de/red/fussball/oefb-nationalteam/a-team/news/marko-arnautovic-lebt-mit--hatern----stoke-verwundert-ihn/

Fiala Michael (2018). „Die 91. Minute". In: 12terMann (12.9.2018). URL: https://www.90minuten.at/de/red/meinung/91--minute/2018/q3/entscheidet-euch--brav-und-fad-oder-mit-ecken-und-kanten

Gossmann Gerald (2019). Marko Arnautović: Der Junge von der Straße. In: Profil (2.2.2019). URL: https://www.profil.at/gesellschaft/marko-arnautovic-junge-strasse-10625624

Linden Peter (2019). Wir leben in einer perversen Welt oder Arnautovic muss liefern! In: PeterLinden (20.3.2019). URL: https://peterlinden.live/wir-leben-in-einer-perversen-welt-oder-arnautovic-muss-liefern/

Lützow Siegfried, Neumann Fritz (2019). Pro & Kontra: Arnautovic-Wechsel nach China. In: Der Standard (8.7.2019). URL: https://www.derstandard.at/story/2000106040773/pro-kontra-arnautovic-wechsel-nach-china

Prantl Harald (2019). Arnautovic-Transfer: Das verdienen die Klubs (9.7.2019). URL: https://www.laola1.at/de/red/fussball/sonstiges/news/arnautovic-transfer--so-viel-verdienen-oesterreichs-vereine-mit/

Hackl Christian (2019). Marko Arnautovic: Von Schanghai nach Saalfelden. In: Der Standard (3.9.2019). URL: https://www.derstandard.de/story/2000108198149/marko-arnautovic-von-schanghai-nach-saalfelden

Blumenschein Stephan (2019). Marko Arnautovic: Ein Reibebaum auf der Jagd nach Rekorden. In: Kurier (9.9.2019). URL: https://kurier.at/sport/fussball/marko-arnautovic-ein-reibebaum-auf-der-jagd-nach-rekorden/400599641

Procter Tom (2020). West Ham are missing Marko Arnautovic more than they'll care to admit. In: TBR-The Boot Room (21.2.2020). URL: https://tbrfootball.com/west-ham-are-missing-marko-arnautovic-more-than-theyll-care-to-admit/

Beiträge ohne (ersichtlichen) Autor („biographisch aufsteigend")

Profi-Vertrag für Marko Arnautovic. In: Austrian Soccer Board (10.4.2007). URL: https://www.austriansoccerboard.at/topic/48168-profi-vertrag-für-marko-arnautovic/

Marko Arnautovic bleibt bei Twente. In: Der Standard (14.7.2008). URL: https://www.derstandard.at/story/3414432/marko-arnautovic-bleibt-bei-twente

Arnautovic schoss Twente zum Sieg: ÖFB- Stürmer fixierte 1:0-Erfolg gegen Marseille. In: News (25.2.2009). URL: https://www.news.at/a/arnautovic-twente-sieg-oefb-stuermer-1-0-erfolg-marseille-234370

Fußballer Arnautovic beteuert Unschuld: „Wort Nigger nicht gesagt." In: Die Presse (17.3.2009). URL: https://www.diepresse.com/461981/fussballer-arnautovic-beteuert-unschuld-wort-nigger-nicht-gesagt

ÖFB reagiert auf Rassismus-Vorwurf gegen Teamspieler Marko Arnautovic. In: fairplay (18.3.2009). URL: https://www.fairplay.or.at/footer/archiv/news/detail/News/oefb-reagiert-auf-rassismus-vor/

Fußball: Twente bremst bei Arnautovic-Transfer. In: Die Presse (1.7.2009). URL: https://www.diepresse.com/491573/fussball-twente-bremst-bei-arnautovic-transfer

Arnautovic wütend auf Twente. In: OE24 (3.7.2009). URL: https://sport.oe24.at/fussball/Arnautovic-wuetend-auf-Twente/566134

Wechsel von Arnautovic von Twente zu Inter Mailand geplatzt. In: Vienna (3.7.2009). URL: https://www.vienna.at/wechsel-von-arnautovic-von-twente-zu-inter-mailand-geplatzt/2096655

Marko Arnautovic verlässt im Sommer Inter Mailand. In: Kronen Zeitung (14.4.2010). URL: https://www.krone.at/195074

Fußball: Marko Arnautovic wechselt zu Werder Bremen. In: Die Presse (4.6.2010): URL: https://www.diepresse.com/571075/fussball-marko-arnautovic-wechselt-zu-werder-bremen

ÖFB-Ass trifft gegen Ex-Club. In: ORF (21.10.2010). URL: https://sportv2.orf.at/stories/2021166/2021172/

Marko Arnautovic nach Kiew? Steht der Wechsel zu Dynamo Kiew bereits fest? In: Bravo (15.2.2013). URL: https://www.bravo.de/sport/marko-arnautovic-nach-kiew-steht-der-wechsel-zu-dynamo-kiew-bereits-fest-221947.html

Verwirrung um Arnautovic: Werder dementierte. In: Vienna (17.2.2013). URL: https://www.vienna.at/verwirrung-um-arnautovic-werder-dementierte/3491676

Arnautovic: So süß ist seine Tochter. In: Österreich (26.3.2013). URL: https://www.österreich.at/nachrichten/Arnautovic-So-suess-ist-seine-Tochter/99231701

Werder suspendiert Arnautovic und Elia: Nächtliche Spritztour. In: tz.de (26.4.2013). URL: https://www.tz.de/sport/fussball/werder-bremen-suspendiert-arnautovic-elia-zr-2874761.html

Piefkes machen unseren Arnie zur Sau! In: Heute (17.5.2013). URL: https://www.heute.at/s/piefkes-machen-unseren-arnie-zur-sau--15843360

Arnautovic auch bei Stoke im Gespräch. In: Der Standard (1.9.2013). URL: https://www.derstandard.at/story/1376535290646/arnautovic-auch-bei-stoke-im-gespraech

Balotelli: „Im Vergleich zu Arnautovic bin ich ein Heiliger." In: Die Presse (23.10.2013). URL: https://www.diepresse.com/1468233/balotelli-im-vergleich-zu-arnautovic-bin-ich-ein-heiliger

Arnautovic mit kultigen Werbe-Spots. In: OE24 (30.3.2016). URL: https://sport.oe24.at/fussball/nationalteam/Arnautovic-mit-kultigen-Werbe-Spots/229857274

Elf bewegende Momente in Arnautovic' Karriere. In: SPOX (19.4.2016). URL: https://www.spox.com/at/sport/fussball/diashow/1612/arnautovic-momente/marko-arnautovic-stoke-city-oesterreich-geburtstag.html

Fehlt Perspektive? Marko Arnautovic will Stoke City verlassen! In: Kronen Zeitung (10.7.2017). URL: https://www.krone.at/578009

Arnautovic für Rekordsumme von Stoke City zu West Ham. In: SN (22.7.2017). URL: https://www.sn.at/sport/fussball/offiziell-arnautovic-fuer-rekordsumme-von-stoke-city-zu-west-ham-15463837

Marko Arnautovic landet in Bremen. In: kreiszeitung.de (24.7.2017). URL: http://immobilien-weltmeister.de/werder-bremen/ex-werder-profi-marko-arnautovic-landet-in-bremen-8512633.html

Arnautović ätzt gegen Werder Bremen. In: weltfussball.at (27.7.2017). URL: https://www.weltfussball.at/news/_n2836545_/arnautovic-aetzt-gegen-werder-bremen/

Arnautovic feiert Premierentreffer für West Ham gegen Werder Bremen. In: 12terMann (29.7.2017). URL: https://www.12termann.at/legionaere/england/premier-league/video-arnautovic-tor-west-ham-werder-bremen/

„Marko kann es bis ganz an die Spitze schaffen." In: SPOX (27.9.2017). URL: https://www.spox.com/at/sport/fussball/international/england/1709/Artikel/steve-sidwell-lob-marko-arnautovic-west-ham-stoke-city.html

Arnautovic' harte Jugend! „Zwei Freunde im Häf'n." In: Heute (20.10.2017). URL: https://www.heute.at/s/arnautovic-harte-jugend-zwei-freunde-im-haf-n--41050506

Arnautovic lüftet private Geheimnisse. In: Laola1 (3.11.2017). URL: https://www.laola1.at/de/red/fussball/international/england/premier-league/news/private-einblicke--marko-arnautovic-spricht-ueber-familie/

Marko Arnautovic über Kritik: "Ich kann damit leben". In: Sky Sport (9.11.2017). URL: https://www.skysportaustria.at/nationalteam-at/marko-arnautovic-ueber-kritik-ich-kann-damit-leben/

Marko Arnautovic demands West Ham striker role and opens up on „not good" start to life in London. In: football.london (7.8.2018). URL: https://www.football.london/west-ham-united-fc/players/marko-arnautovic-west-ham-pellegrini-15001994

Der Konter des Marko Arnautovic. In: Die Presse (10.10.2018). URL: https://www.diepresse.com/5510929/der-konter-des-marko-arnautovic

„Es ist immer eine kleine Eifersucht dabei." In: ORF (21.12.2018). URL: https://sport.orf.at/stories/3042645/

Marko Arnautovic - vom "Enfant terrible" zum ÖFB-Führungsspieler. In: News (21.12.2018). URL: https://www.news.at/a/marko-arnautovic

Arnautovic ist Österreichs Fußballer des Jahres. In: Der Standard (21.12.2018). URL: https://www.derstandard.at/story/2000094485148/arnautovic-zum-fussballer-des-jahres-gewaehlt?ref=rss

Karriereende? Arnautovic antwortet mit Ibrahimovic-Zitat. In: Sky Sport (19.3.2019). URL: https://www.skysportaustria.at/nationalteam-at/karriereende-arnautovic-antwortet-mit-ibrahimovic-zitat/

Marko Arnautovic [DAZN-SPOX-Interview]: „Ich habe es allen bewiesen". In: SPOX (1.4.2019). URL: https://www.spox.com/at/sport/fussball/international/england/1903/Artikel/marko-arnautovic-im-interview.html

China ruft erneut: Arnautovic-Bruder matschkert über West Ham. In: Der Standard (3.7.2019). URL: https://www.derstandard.at/story/2000105865994/arnautovic-bruder-motschkert-ueber-west-ham

Ab nach China! Fix! West Ham bestätigt Arnautovic-Mega-Deal. In: Kronen Zeitung (8.7.2019). URL: https://www.krone.at/1955931

China-Transfer von Arnautovic ist perfekt. In: OÖ-Nachrichten (8.7.2019). URL: https://www.nachrichten.at/sport/fussball/fussball-international/china-transfer-von-arnautovic-ist-perfekt;art191891,3145629

Trotz China-Engagements: Arnautovic weiter für das ÖFB-Team wichtig. In: Kleine Zeitung (8.7.2019). URL: https://www.kleinezeitung.at/sport/fussball/5656176/Trotz-ChinaEngagements_Arnautovic-weiter-fuer-das-OeFBTeam-wichtig

Was Arnautovic in China erwartet. In: Wiener Zeitung (8.7.2019). URL: https://www.wienerzeitung.at/nachrichten/sport/fussball/2017597-Was-Arnautovic-in-China-erwartet.html

Medienschelte von Marko Arnautovic. In: 90minuten.at (12.7.2019). URL: https://www.90minuten.at/de/red/presseschau/kurzmeldungen-vereine-verbaende-sportler/2019/juli/medienschelte-von-marko-arnautovic/

Marko Arnautovic rechnet mit seinen Kritikern ab. In: OE24 (4.9.2019). URL: https://sport.oe24.at/fussball/nationalteam/Marko-Arnautovic-rechnet-mit-seinen-Kritikern-ab/395886530

Arnautović kennt sein Ablaufdatum. In: Die Presse (13.11.2019). URL: https://www.diepresse.com/5721145/arnautovic-kennt-sein-ablaufdatum

Arnautovic: „Dann habe ich keinen Bock mehr, nach Kasachstan zu fliegen." In: OÖ-Nachrichten (13.11.2019). URL: https://www.nachrichten.at/sport/fussball/nationalteam/arnautovic-dann-habe-ich-keinen-bock-mehr-nach-kasachstan-zu-fliegen;art191893,3185964

Videobeiträge & Interviews („biographisch aufsteigend")

Marko Arnautovic: Zwischen Genie und Wahnsinn: In: Sport am Sonntag (Interview, 12.5.2013). URL: https://www.youtube.com/watch?v=pu6dSM6NJC4

Daheim bei Marko Arnautovic: So lebt der Superstar (Kronen Zeitung Interview, 29.9.2016). URL: https://www.youtube.com/watch?v=tn61PK_XdDc

Marko Arnautovic: DAZN-Exklusivinterview. In: youtube (14.11.2017). URL: https://www.youtube.com/watch?v=WfLVHqL8G94

Marko Arnautović: Who takes a ridiculous amount of selfies? (Teammates 2.0). In: youtube (17.4.2018). URL: https://www.youtube.com/watch?v=gz4YsA3aeEY

Marko Arnautovic persönlich (Teil 1: „Fans sind sauer, weil sie mich lieben"). In: Laola1 (30.3.2019). URL: https://www.laola1.at/de/red/fussball/international/england/premier-league/news/marko-arnautovic---fans-sind-sauer--weil-sie-mich-lieben-/

Marko Arnautovic persönlich (Teil 2: „Zeige denen Respekt, die mir Respekt zeigt"): In: Laola1 (30.3.2019). URL: https://www.laola1.at/de/red/fussball/international/england/premier-league/news/marko-arnautovic-privat---er-ist-ein-sensibler-mensch-/

Marko Arnautovic von West Ham United im Interview: „Das hat noch kein Spieler der Welt getan" (GOAL-DAZN-Interview, 1.4.2019). URL: https://www.goal.com/de/meldungen/marko-arnautovic-interivew-west-ham-oesterreich-kein-spieler/r4n4zmbdjj9g1oxeso3i3bhag

Marko Arnautovic (Teil I):"Die Fans sind sauer, weil sie mich lieben". In: DAZN (Feature, 15.4.2019). URL: https://www.youtube.com/watch?v=PLM0fJDEofg

Marko Arnautovic (Teil II): „Jeder Verteidiger muss sich vor mir fürchten." In: DAZN (Feature, 15.4.2019). URL: https://www.youtube.com/watch?v=ymx1nKMHMeQ

Marko Arnautovic (Teil III): "Für mich ist der Trainer nie schuld". In: DAZN (15.4.2019). In: DAZN (Feature, 15.4.2019). URL: https://www.youtube.com/watch?v=b68kRTYbgvU&t=1s

Karriere-Videos: Von Enschede über West Ham bis Shanghai („biographisch aufsteigend")

Marko Arnautović beste Szenen bei Twente Enschede. In: abseits (16.5.2015). URL: https://abseits.at/videos/marko-arnautovic-beste-szenen-bei-twente-enschede/

Marko Arnautovic: The Good, The Bad & The Man Child. In: youtube (8.7.2019). URL: https://www.youtube.com/watch?v=WwPeppXiyFs&list=PL2SBynjscLvSwLRjBEJPVy0qQ3mJpTrjb&index=149

Arnautovic über China: Arnautovic kann's auch in China (DAZN-Video). In: Kronen Zeitung (3.9.2019). URL: https://www.krone.at/1989490

Saisontreffer von Marko Arnautovic für Shanghai SIPG. In: 12terMann (27.11.019). URL: https://www.12termann.at/legionaere/rest-der-welt/video-5-saisontreffer-von-marko-arnautovic-fuer-shanghai-sipg/

Fotoquellen & -rechte

Vanny Benke, Birgit & Karlheinz Benke (Canon EOS 700D/ 250mm Zoom bzw. Nikon Coolpic A900 43-151mm)

Endnotenverzeichnis(Zitate)

[1] Arnautovic: „Familie ist immer an erster Stelle". In: Kronen Zeitung (19.4.2019, von Peter Klöbl). URL: https://www.krone.at/1906898

[2] Marko Arnautović: Der Junge von der Straße. In: Profil (2.2.2019, von Gerald Gossmann). URL: https://www.profil.at/gesellschaft/marko-arnautovic-junge-strasse-10625624

[3] Stoke star Marko Arnautovic leaves ‚crazy' days in his past. In: British Telecommunications (5.10.2015). URL: http://sport.bt.com/sport-football/news/glen-johnson-wants-stoke-to-build-on-villa-win-S11364008889766

[4] Marko Arnautović. URL: https://de.wikipedia.org/wiki/Marko_Arnautović

[5] Marko Arnautovic: „Ich danke meiner Familie und Gott, dass ich nicht auf die schiefe Bahn geraten bin". In: PromisGlauben (23. 12. 2018, von Markus Kosian). URL: https://promisglauben.de/marko-arnautovic-ich-danke-meiner-familie-und-gott-dass-ich-nicht-auf-die-schiefe-bahn-geraten-bin

[6] Arnautovic lüftet private Geheimnisse. In: Laola1 (3.11.2017). URL: https://www.laola1.at/de/red/fussball/international/england/premier-league/news/private-einblicke--marko-arnautovic-spricht-ueber-familie/

[7] Marko Arnautović: Der Junge von der Straße. In: Profil (2.2.2019, von Gerald Gossmann). URL: https://www.profil.at/gesellschaft/marko-arnautovic-junge-strasse-10625624

[8] Marko Arnautovic bleibt bei Twente. In: Der Standard (14.7.2008). URL: https://www.derstandard.at/story/3414432/marko-arnautovic-bleibt-bei-twente

[9] Arnautovic im Pech: Geliehener Bentley gestohlen. In: Die Presse (20.3.2010). URL: https://www.diepresse.com/547485/arnautovic-im-pech-geliehener-bentley-gestohlen

[10] Arnie: „Mourinho schenkte mir seine Uhr". In: SPOX (19.10.2017). URL: https://www.spox.com/at/sport/fussball/international/england/1710/Artikel/premier-league-west-ham-united-inter-mailand-jose-mourinho-uhr-geschenk-marko-arnautovic.html

[11] Köstliche Story! Mourinho gab Arnautovic seine Uhr. In: Heute (19.10.2019). URL: https://www.heute.at/s/kostliche-story-mourinho-gab-arnautovic-seine-uhr-59246279

[12] Marko Arnautovic nach Kiew? Steht der Wechsel zu Dynamo Kiew bereits fest? In: Bravo (15.2.2013). URL: https://www.bravo.de/sport/marko-arnautovic-nach-kiew-steht-der-wechsel-zu-dynamo-kiew-bereits-fest-221947.html

[13] „Saftladen!" Neue Pöbel-Attacke von Arnautovic. In: Bild (9.11.2010). URL: https://www.bild.de/sport/fussball/werder-flop-schimpft-ueber-saftladen-14587938.bild.html

[14] Marko Arnautovic: Ein Rüpel zum Verlieben. In: Abendzeitung München (29.8.2010, von Frank Hellmann). URL: https://www.abendzeitung-muenchen.de/inhalt.mehr-fussball-marko-arnautovic-ein-ruepel-zum-verlieben.0508f0c1-b63d-46cd-aa05-2a6bfa0755d8.html

[15] Österreichs Angreifer Arnautovic: Neustart dank Emilia. In: Der Spiegel (11.9.2012, von Lukas Rilke). URL: https://www.spiegel.de/sport/fussball/marko-arnautovic-der-stuermer-will-oesterreich-zum-sieg-schiessen-a-854887.html

[16] Premier League: „Ibrahimovic für Arme" am Telefon! In: Ligalive (29.3.2019, von Carsten Germann). URL: https://ligalive.net/premier-league-marko-arnautovic-instagram-anrufe/

[17] Arnautovic zum ersten Mal Österreichs Fußballer des Jahres. In: Tiroler Tageszeitung (9.1.2019). URL: https://www.tt.com/artikel/15150513/arnautovic-zum-ersten-mal-oesterreichs-fussballer-des-jahres

[18] Elf bewegende Momente in Arnautovic' Karriere. In: SPOX (19.4.2016). URL: https://www.spox.com/at/sport/fussball/diashow/1612/arnautovic-momente/marko-arnautovic-stoke-city-oesterreich-geburtstag.html

[19] „Ich bin kein Showman mehr". In: ballesterer (21.5.2015, von Benjamin Schacherl, Martin Hanebeck, Mario Sonnberger). URL: https://ballesterer.at/2017/11/12/ich-bin-kein-showman-mehr

[20] Stoke-Star Marko Arnautovic: „Ich bin stolz auf Shaq!". In: Blick (30.12.2015, von Andreas Böni). URL: https://www.blick.ch/sport/fussball/stoke-star-marko-arnautovic-ich-bin-stolz-auf-shaq-id4504467.html

[21] Große Auszeichnung: Arnautovic ist Stokes Spieler der Saison. In: OE24 (12.5.2016). URL: https://sport.oe24.at/fussball/international/england/Arnautovic-ist-Stokes-Spieler-der-Saison/235309094

[22] Papa Arnautovic: Seine Kinder ließen ihn reifen. In: Kronen Zeitung (24.3.2016). URL: https://www.krone.at/502267

[23] Marko Arnautovic - vom „Enfant terrible" zum ÖFB-Führungsspieler. In: News (21.12.2018). URL: https://www.news.at/a/marko-arnautovic

[24] Trotz China-Engagements: Arnautovic weiter für das ÖFB-Team wichtig. In: Kleine Zeitung (8.7.2019). URL: https://www.kleinezeitung.at/sport/fussball/5656176/Trotz-ChinaEngagements_Arnautovic-weiter-fuer-das-OeFBTeam-wichtig

[25] Jubel bei den West-Ham-Fans: Arnautovic-Wechsel nach China fix. In: Kurier (8.7.2019). URL: https://kurier.at/sport/fussball/jubel-bei-den-west-ham-fans-arnautovic-wechsel-nach-china-fix/400545419

[26] Hagmayr: „Ich würde Arnautovic nach China tragen." In: Der Standard (16.1.2019, von Christian Hackl). URL: https://www.derstandard.at/story/2000096287657/hagmayr-ich-wuerde-ihn-nach-china-tragen

[27] Arnautovic über China: Verdienst ist „überragend". In : Kronen Zeitung (30.9.2019). URL: https://www.krone.at/1989490

[28] Von Schanghai nach Saalfelden. In: Der Standard (3.9.2019, von Christian Hackl). URL: https://www.derstandard.de/story/2000108198149/marko-arnautovic-von-schanghai-nach-saalfelden

[29] Von Schanghai nach Saalfelden. In: Der Standard (3.9.2019, von Christian Hackl). URL: https://www.derstandard.de/story/2000108198149/marko-arnautovic-von-schanghai-nach-saalfelden

[30] Marko Arnautovic: „I love Slaven Bilic but I let him down a little bit". In: The Guardian (22.9.2018, von Jacob Steinberg). URL: https://www.theguardian.com/football/2018/sep/22/marko-arnautovic-slaven-bilic-west-ham-david-moyes

[31] Marko Arnautovic – Leistungsdaten pro Verein (29.2.2020). URL: https://www.transfermarkt.at/marko-arnautovic/profil/spieler/41384

[32] „Krone"-Fußballerwahl: Marko Arnautovic ist Fußballer des Jahres! In: Kronen Zeitung. (18.3.2019, von Peter Klöbl). URL: https://www.krone.at/1885572

[33] „Ich bin kein Showman mehr". In: ballesterer (21.5.2015, von Benjamin Schacherl, Martin Hanebeck, Mario Sonnberger). URL: https://ballesterer.at/2017/11/12/ich-bin-kein-showman-mehr

[34] Arnautovic: „Würde ‚Drago' meinen Nachnamen geben." In: Kronen Zeitung (27.5.2016). URL: https://www.krone.at/512139

[35] Marko Arnautovic: „Die Medien haben null Ahnung". In: Die Presse (9.11.2017). URL: https://www.diepresse.com/5317394/marko-arnautovic-die-medien-haben-null-ahnung

[36] Arnautovic setzt mit Schuhen ein Statement. In: Laola1 (9.10.2016). URL: https://www.laola1.at/de/red/fussball/oefb-nationalteam/a-team/news/arnautovic-statement-mit-schuhen-serbien-flagge-oesterreich/

[37] Arnautovic: „Das sind Leute, die keine Arbeit und keine Ahnung haben." In: OÖ-Nachrichten (9.11.2017). URL: https://www.nachrichten.at/sport/fussball/fussball-oesterreich/Arnautovic-Das-sind-Leute-die-keine-Arbeit-und-keine-Ahnung-haben;art127116,2730607

[38] „Krone"-Fußballerwahl: Marko Arnautovic ist Fußballer des Jahres! In: Kronen Zeitung. (18.3.2019, von Peter Klöbl). URL: https://www.krone.at/1885572

[39] Arnautovic schwört Team die Treue. In: ORF-Sport (3.9.2019). URL: https://orf.at/stories/3135949/

[40] Arnautovic schwört Team die Treue. In: ORF-Sport (3.9.2019). URL: https://orf.at/stories/3135949/

[41] Marko Arnautovic: Ein Reibebaum auf der Jagd nach Rekorden. In: Kurier (9.9.2019, von Stephan Blumenschein). URL: https://kurier.at/sport/fussball/marko-arnautovic-ein-reibebaum-auf-der-jagd-nach-rekorden/400599641

[42] Arnautovic privat: „Er ist ein sensibler Mensch". In: Laola1 (30.3.2019). URL: https://www.laola1.at/de/red/fussball/international/england/premier-league/news/marko-arnautovic-privat---er-ist-ein-sensibler-mensch-/

[43] Marko Arnautovic – Inteam. In: ORF-Sport (23.7.2017). URL: https://www.facebook.com/ORFSport/videos/marko-arnautovic-inteam/1514693948554051/

[44] Arnautovic ist Österreichs Fußballer des Jahres. In: Der Standard (21.12.2018). URL: https://www.derstandard.at/story/2000094485148/arnautovic-zum-fussballer-des-jahres-gewaehlt

[45] Arnautovic ist Österreichs Fußballer des Jahres. In: Der Standard (21.12.2018). URL: https://www.derstandard.at/story/2000094485148/arnautovic-zum-fussballer-des-jahres-gewaehlt

[46] Fußballer des Jahres: Marko Arnautovic wird heute vor dem Länderspiel geehrt. In: Kleine Zeitung (21.3.2019). URL: https://www.kleinezeitung.at/sport/fussball/oesterreich/nationalteam/5599014/Fussballer-des-Jahres_Marko-Arnautovic-wird-heute-vor-dem
[Anm.: Alle vier Stimmen zu den fußballerischen Qualitäten stammen aus diesem Artikel.]

[47] „Krone Fußballerwahl": Marko Arnautovic ist Fußballer des Jahres! In: Kronen Zeitung (18.3.2019, von Peter Klöbl). URL: https://www.krone.at/1885572

[48] „Krone Fußballerwahl": Marko Arnautovic ist Fußballer des Jahres! In: Kronen Zeitung (18.3.2019, von Peter Klöbl). URL: https://www.krone.at/1885572

[49] EURO 2016: Arnautovic in Form für die EM: „Ich bin bereit und hungrig." In: Vienna.at (11.6.2016). URL: https://www.vienna.at/arnautovic-in-form-fuer-die-em-ich-bin-bereit-und-hungrig/4750762

[50] Arnautovic: „Familie ist immer an erster Stelle. In: Kronen Zeitung (19.4.2019, von Peter Klöbl). URL: https://www.krone.at/1906898

[51] Arnautovic sauer: „Niemand hat das Recht, über mein Privatleben zu reden." In: Tiroler Tageszeitung (19.10.2018). URL: https://www.tt.com/sport/fussball/14899912/arnautovic-sauer-niemand-hat-das-recht-ueber-mein-privatleben-zu-reden

[52] Exzentriker spielt gegen DFB-Elf Arnautovic am Scheideweg. In: ntv (30.8.2011). URL: https://www.n-tv.de/sport/fussball/Arnautovic-am-Scheideweg-article4171946.html

[53] Trotz China-Engagements: Arnautovic weiter für das ÖFB-Team wichtig. In: Kleine Zeitung (8.7.2019). URL: https://www.kleinezeitung.at/sport/fussball/5656176/Trotz-ChinaEngagements_Arnautovic-weiter-fuer-das-OeFBTeam-wichtig

[54] Mehr leise als laut. In: ballesterer (21.5.2015, von Mareike Boysen, Mario Sonnberger, Martin Hanebeck, Benjamin Schacherl). URL: https://ballesterer.at/2017/11/12/mehr-leise-als-laut/

[55] Fußball International: Arnautovic sorgt für Furore. In: Der Standard (14.4.20079: https://www.derstandard.at/story/2836856/arnautovic-sorgt-fuer-furore

[56] Marko Arnautovic: Ein Rüpel zum Verlieben. In: Abendzeitung München (29.8.2010, von Frank Hellmann). URL: https://www.abendzeitung-muenchen.de/inhalt.mehr-fussball-marko-arnautovic-ein-ruepel-zum-verlieben.0508f0c1-b63d-46cd-aa05-2a6bfa0755d8.html

[57] Arnautovic ist Österreichs Fußballer des Jahres. In: Der Standard (21.12.2018). URL: https://www.derstandard.at/story/2000094485148/arnautovic-zum-fussballer-des-jahres-gewaehlt

[58] Arnautovic ist Österreichs Fußballer des Jahres. In: Der Standard (21.12.2018). URL: https://www.derstandard.at/story/2000094485148/arnautovic-zum-fussballer-des-jahres-gewaehlt

[59] Arnautovic ist Österreichs Fußballer des Jahres. In: Der Standard (21.12.2018). URL: https://www.derstandard.at/story/2000094485148/arnautovic-zum-fussballer-des-jahres-gewaehlt

[60] „Marko kann es bis ganz an die Spitze schaffen." In: SPOX (27.9.2017). URL: https://www.spox.com/at/sport/fussball/international/england/1709/Artikel/steve-sidwell-lob-marko-arnautovic-west-ham-stoke-city.html

[61] Balotelli: „Im Vergleich zu Arnautovic bin ich ein Heiliger." In: Die Presse (23.10.2013). URL https://www.diepresse.com/1468233/balotelli-im-vergleich-zu-arnautovic-bin-ich-ein-heiliger

[62] Marko Arnautovic: „Die Medien haben null Ahnung." In: Die Presse (9.11.2017). URL: https://www.diepresse.com/5317394/marko-arnautovic-die-medien-haben-null-ahnung

[63] Die Rolle der Medien in der Karriere von Marko Arnautovic. In: abseits (1.5.2013, von Christian Semmelrock). URL: https://abseits.at/in-depth/gesellschaft-ethik/die-rolle-der-medien-in-der-karriere-von-marko-arnautovic

[64] Arnautovic lüftet private Geheimnisse. In: Laola1 (3.11.2017). URL: https://www.laola1.at/de/red/fussball/international/england/premier-league/news/private-einblicke--marko-arnautovic-spricht-ueber-familie/

[65] Arnautovic: „Wir haben mehr Serbisch gelebt". In: Heute (30.3.2019). URL: https://www.heute.at/s/arnautovic-wir-haben-mehr-serbisch-gelebt--55301613

[66] Medienschelte von Marko Arnautovic. In: 90minuten.at (12.7.2019). URL: https://www.90minuten.at/de/red/presseschau/kurzmeldungen-vereine-verbaende-sportler/2019/juli/medienschelte-von-marko-arnautovic/

[67] „Ich bin in keiner Krise." In: ORF (9.11.2017). URL: https://sportv2.orf.at/stories/2282905/2282903/

[68] Da für die Ausgabe dieses Buches von keiner Redaktionsstube die Wiedergaberechte erteilt wurden, sind hier ergänzd zu den Schlagzeilen die Web-Links zu den Covers angeführt:
- https://www.oefb.at/Der-OeFB/Medien/Corner
- https://www.spox.com/at/sport/fussball/oesterreich/1704/Artikel/marko-arnautovic-oefb-nationalteam-klagenfurt.html
- https://ballesterer.at/issues/marko-arnautovic/
- http://www.fotobyhofer.at
- http://www.fotobyhofer.at/galleries/sport
- http://theworldofstraightmen.blogspot.com/2011/01/sportmagazin-marko-arnautovic-of-sv.html
- https://www.myreadit.com/magazines/issues/DU93VTW7
- https://www.dasbiber.at/gallery/biber-cover-gallery-2008
- https://zeitungen.ink/kronen-zeitung/kronen-zeitung-7-juli-2019
- https://zeitungen.ink/kronen-zeitung/kronen-zeitung-7-juli-2019/
- https://zeitungen.ink/kronen-zeitung/kronen-zeitung-19-marz-2019/

[69] Marko Arnautovic als Playmaker bei einem Werbespot bei Puma: Marko Arnautovic ist „ready". In: 12terMann (13.11.2015). URL: https://www.12termann.at/football-moments/clips/marko-arnautovic-als-playmaker-bei-einem-werbespot-fuer-puma

[70] Marko Arnautovic: Neuer Markenbotschafter für Hartl Haus. In: Mein Bezirk. Zwettl (7.3.2016, von Bernhard Schabauer). URL: https://www.meinbezirk.at/zwettl/c-wirtschaft/marko-arnautovic-neuer-markenbotschafter-fuer-hartl-haus_a1662016

[71] Frankreich-fit mit Arnautovic: „Ball wo, Franz, eh?". In: Kurier (30.03.2016). Verfügbar unter: https://kurier.at/sport/fussball/frankreich-fit-mit-arnautovic-ball-wo-franz-eh/189.963.176 bzw. auch unter https://sport.oe24.at/fussball/nationalteam/Arnautovic-mit-kultigen-Werbe-Spots/229857274

[72] Fußballer des Jahres - Arnautovic: „Würde nicht sagen, dass ich ein Popstar bin." In: Der Standard (22.12.2018). URL: https://www.derstandard.at/story/2000094593460/arnautovic-wuerde-nicht-sagen-dass-ich-ein-popstar-bin

[73] Entscheidet euch: Brav und fad oder mit Ecken und Kanten („Die 91. Minute" von Michael Fiala). In: 90minuten.at (12.9.2018). URL: https://www.90minuten.at/de/red/meinung/91--minute/2018/q3/entscheidet-euch--brav-und-fad-oder-mit-ecken-und-kanten

[74] Webseiten mit Sprüchen (und Bildern) von Marko Arnautovic unter:
- Die besten Sprüche von Marko Arnautovic. In: SPOX (12.6.2019). URL: https://www.spox.com/at/sport/fussball/diashow/1612/arnautovic-sprueche/marko-arnautovic-beste-sprueche-leben-kaufen-stoke-city-nationalteam.html
- Marko Arnautovic wird 30: Seine besten Sprüche. In: OÖ-Nachrichten (19.4.2019). URL: https://www.nachrichten.at/nachrichten/fotogalerien/cme199082,1471190
- Best Of Marko Arnautovic: Die besten Sager des ÖFB-Stars. In: Vienna.at (18.6.2016). URL: https://www.vienna.at/best-of-marko-arnautovic-die-besten-sager-des-oefb-stars/4753242
- Marko Arnautovic feiert am 19. April seinen 30. Geburtstag – hier seine besten Sprüche. In: OE24 (19.4.2019). URL: https://sport.oe24.at/stars-und-sport/Arnies-leiwandste-Sprueche-zu-seinem-30er/376790515
Mehr Zitate in englischer Sprache gibt es unter der URL: https://www.brainyquote.com/authors/marko-arnautovic-quotes

[75] Die besten Sprüche von Marko Arnautovic (12.6.2019). URL: https://www.spox.com/at/sport/fussball/diashow/1612/arnautovic-sprueche/marko-arnautovic-beste-sprueche-leben-kaufen-stoke-city-nationalteam.html

[76] Die besten Sprüche von Marko Arnautovic (12.6.2019). URL: https://www.spox.com/at/sport/fussball/diashow/1612/arnautovic-sprueche/marko-arnautovic-beste-sprueche-leben-kaufen-stoke-city-nationalteam.html

[77] Die besten Sprüche von Marko Arnautovic (12.6.2019). URL: https://www.spox.com/at/sport/fussball/diashow/1612/arnautovic-sprueche/marko-arnautovic-beste-sprueche-leben-kaufen-stoke-city-nationalteam.html

[78] Die besten Sprüche von Marko Arnautovic (12.6.2019). URL: https://www.spox.com/at/sport/fussball/diashow/1612/arnautovic-sprueche/marko-arnautovic-beste-sprueche-leben-kaufen-stoke-city-nationalteam.html

[79] Die besten Sprüche von Marko Arnautovic (12.6.2019). URL: https://www.spox.com/at/sport/fussball/diashow/1612/arnautovic-sprueche/marko-arnautovic-beste-sprueche-leben-kaufen-stoke-city-nationalteam.html

[80] Marko Arnautovic wird 30: Seine besten Sprüche. In: OÖ-Nachrichten (19.4.2019). URL: https://www.nachrichten.at/nachrichten/fotogalerien/cme199082,1471192

[81] Best Of Marko Arnautovic: Die besten Sager des ÖFB-Stars. In: Vienna.at (18.6.2016). URL: https://www.vienna.at/best-of-marko-arnautovic-die-besten-sager-des-oefb-stars/4753242

[82] Die besten Sprüche von Marko Arnautovic (12.6.2019). URL: https://www.spox.com/at/sport/fussball/diashow/1612/arnautovic-sprueche/marko-arnautovic-beste-sprueche-leben-kaufen-stoke-city-nationalteam.html

[83] Die besten Sprüche von Marko Arnautovic (12.6.2019). URL: https://www.spox.com/at/sport/fussball/diashow/1612/arnautovic-sprueche/marko-arnautovic-beste-sprueche-leben-kaufen-stoke-city-nationalteam.html

[84] MA7 –Marko Arnautovic: „Bitte nicht alt sagen!" In: Der Standard (9.11.2017, Christian Hackl). URL: https://www.derstandard.at/story/2000067512718/marko-arnautovic-es-ist-feuer-drin

[85] Die besten Sprüche von Marko Arnautovic (12.6.2019). URL: https://www.spox.com/at/sport/fussball/diashow/1612/arnautovic-sprueche/marko-arnautovic-beste-sprueche-leben-kaufen-stoke-city-nationalteam.html

[86] Die besten Sprüche von Marko Arnautovic (12.6.2019). URL: https://www.spox.com/at/sport/fussball/diashow/1612/arnautovic-sprueche/marko-arnautovic-beste-sprueche-leben-kaufen-stoke-city-nationalteam.html

[87] Die besten Sprüche von Marko Arnautovic (12.6.2019). URL: https://www.spox.com/at/sport/fussball/diashow/1612/arnautovic-sprueche/marko-arnautovic-beste-sprueche-leben-kaufen-stoke-city-nationalteam.html

[88] Nach Eigentor: Hinteregger nimmt Alaba aufs Korn. In: OE24 (1.6.2016). URL: https://sport.oe24.at/fussball/euro-2016/oefb-team/Hinteregger-nimmt-Alaba-aufs-Korn/237943203

[89] Best Of Marko Arnautovic: Die besten Sager des ÖFB-Stars. In: Vienna.at (18.6.2016). URL: https://www.vienna.at/best-of-marko-arnautovic-die-besten-sager-des-oefb-stars/4753242

[90] Fußballer Arnautovic beteuert Unschuld: „Wort Nigger nicht gesagt." In: Die Presse (17.3.2009). URL: https://www.diepresse.com/461981/fussballer-arnautovic-beteuert-unschuld-wort-nigger-nicht-gesagt

[91] Marko Arnautovic: „Ich war damals nicht zu stoppen." In: Kurier (16.11.2015). URL: https://kurier.at/sport/fussball/marko-arnautovic-im-interview-ueber-die-wandlung-von-der-skandalnudel-zum-fuehrungsspieler/164.026.158

[92] Marko Arnautovic: „Ich war damals nicht zu stoppen." In: Kurier (16.11.2015). URL: https://kurier.at/sport/fussball/marko-arnautovic-im-interview-ueber-die-wandlung-von-der-skandalnudel-zum-fuehrungsspieler/164.026.158

[93] Marko Arnautovic: „Ich war damals nicht zu stoppen." In: Kurier (16.11.2015). URL: https://kurier.at/sport/fussball/marko-arnautovic-im-interview-ueber-die-wandlung-von-der-skandalnudel-zum-fuehrungsspieler/164.026.158

[94] Marko Arnautovic: Jetzt rede ich! in: News (2.5.2013). URL: https://www.news.at/a/marko-arnautovic-jetzt-rede-ich-interview-suspendierung-werder-bremen

[95] Österreichs Angreifer Arnautovic Neustart dank Emilia. In Der Spiegel (11.9.2012, von Lukas Rilke). URL: https://www.spiegel.de/sport/fussball/marko-arnautovic-der-stuermer-will-oesterreich-zum-sieg-schiessen-a-854887.html

[96] Trotz China-Engagements: Arnautovic weiter für das ÖFB-Team wichtig. In: Kleine Zeitung (8.7.2019). URL: https://www.kleinezeitung.at/sport/fussball/5656176/Trotz-ChinaEngagements_Arnautovic-weiter-fuer-das-OeFBTeam-wichtig

[97] Stoke-Star Marko Arnautovic : „Ich bin stolz auf Shaq!" In: Blick (30.12.2015). URL: https://www.blick.ch/sport/fussball/stoke-star-marko-arnautovic-ich-bin-stolz-auf-shaq-id4504467.html

[98] Marko Arnautovic: 30 Jahre und kein bisschen leise. In: Kurier (19.4.2019). URL: https://kurier.at/sport/fussball/marko-arnautovic-30-jahre-und-kein-bisschen-leise/400471501

[99] Die besten Sprüche von Marko Arnautovic. In: SPOX (12.6.2019): URL: https://www.spox.com/at/sport/fussball/diashow/1612/arnautovic-sprueche/marko-arnautovic-beste-sprueche-leben-kaufen-stoke-city-nationalteam,seite=7.html

[100] Marko Arnautovic wird 30: Seine besten Sprüche. In: OÖ-Nachrichten (19.4.2019). URL: https://www.nachrichten.at/nachrichten/fotogalerien/cme199082,1471188

[101] Marko Arnautovic wird 30: Seine besten Sprüche. In: OÖ-Nachrichten (19.4.2019). URL: https://www.nachrichten.at/nachrichten/fotogalerien/cme199082,1471195

[102] Marko Arnautovic: 30 Jahre und kein bisschen leise. In: Kurier (19.4.2019). URL: https://kurier.at/sport/fussball/marko-arnautovic-30-jahre-und-kein-bisschen-leise/400471501

[103] Die besten Sprüche von Marko Arnautovic. In: SPOX (12.6.2019): URL: https://www.spox.com/at/sport/fussball/diashow/1612/arnautovic-sprueche/marko-arnautovic-beste-sprueche-leben-kaufen-stoke-city-nationalteam,seite=6.html

[104] Marko Arnautovic wird 30: Seine besten Sprüche. In: OÖ-Nachrichten (19.4.2019). URL: https://www.nachrichten.at/nachrichten/fotogalerien/cme199082,1471190

[105] EM-Qualifikation: Arnautovics Qualitäten in Offensive gefragt. In: ORF (20.3.2019): URL: https://sport.orf.at/stories/3046612/

[106] „Nur in der Küche ist meine Frau der Boss". In: Bild (12.6.2016, von Philipp Kessler). URL: https://www.bild.de/sport/fussball/em-2016/nur-in-der-kueche-ist-meine-frau-der-boss-46249074.bild.html

[107] Arnautovic: „Dann habe ich keinen Bock mehr, nach Kasachstan zu fliegen". In. OÖ-Nachrichten (13.11.2019). URL: https://www.nachrichten.at/sport/fussball/nationalteam/arnautovic-dann-habe-ich-keinen-bock-mehr-nach-kasachstan-zu-fliegen;art191893,3185964

[108] Arnautovic teilt aus: „Ich beweise es immer wieder." In: Kurier (6.9.2019, von Alexander Strecha, Andreas Heidenreich). URL: https://kurier.at/sport/fussball/arnautovic-teilt-aus-ich-beweise-es-immer-wieder/400598855

[109] Marko Arnautovic: Nach viel Wirbel kehrt wieder Ruhe ein: „Spüre keinen Druck" In: Kleine Zeitung (19.3.2019). URL: https://www.kleinezeitung.at/sport/fussball/oesterreich/nationalteam/5598439/Marko-Arnautovic_Nach-viel-Wirbel-kehrt-wieder-Ruhe-ein_Spuere

[110] Arnautovic lüftet private Geheimnisse. In: Laola1 (3.11.2017). URL: https://www.laola1.at/de/red/fussball/international/england/premier-league/news/private-einblicke--marko-arnautovic-spricht-ueber-familie/

[111] „Der Glaube und die Familie sind das Wichtigste". In: Neue Vorarlberger Tageszeitung (22.12.2018, von Alois Tschida). URL: https://www.neue.at/sport/2018/12/21/der-glaube-und-die-familie-sind-das-wichtigste.neue

[112] Marko Arnautovic: „Ich danke meiner Familie und Gott, dass ich nicht auf die schiefe Bahn geraten bin". In: PromisGlauben (23. 12. 2018, von Markus Kosian). URL: https://promisglauben.de/marko-arnautovic-ich-danke-meiner-familie-und-gott-dass-ich-nicht-auf-die-schiefe-bahn-geraten-bin

[113] Arnie: Darum singe ich die Hymne nicht. In: OE24 (30.3.2019). URL https://sport.oe24.at/stars-und-sport/Arnie-Darum-singe-ich-die-Hymne-nicht/374102064

[114] Jubel, aber auch kritische Töne nach der EM-Qualifikation. In : Kurier (17.11.2019, von Alexander Strecha). URL: https://kurier.at/sport/fussball/jubel-nach-der-em-qualifikation-nur-den-moment-geniessen/400677506

[115] Marko Arnautovic über Kritik: „Ich kann damit leben". In: Sky Sport (9.11.2017). URL: https://www.skysportaustria.at/nationalteam-at/marko-arnautovic-ueber-kritik-ich-kann-damit-leben/

[116] „Ich bin kein Showman mehr". In: ballesterer (21.5.2015, von Benjamin Schacherl, Martin Hanebeck, Mario Sonnberger). URL: https://ballesterer.at/2017/11/12/ich-bin-kein-showman-mehr

[117] Marko Arnautovic (Teil 3): "Für mich ist der Trainer nie schuld". In: DAZN (15.4.2019). URL: https://www.youtube.com/watch?v=b68kRTYbgvU&t=1s [Zitate sind Videotranskriptionen]

[118] Marko Arnautovic (Teil 1):"Die Fans sind sauer, weil sie mich lieben". In: DAZN (15.4.2019). URL: https://www.youtube.com/watch?v=PLM0fJDEofg [Zitate sind Videotranskriptionen]

[119] „Ich bin kein Showman mehr". In: ballesterer (21.5.2015, von Benjamin Schacherl, Martin Hanebeck, Mario Sonnberger). URL: https://ballesterer.at/2017/11/12/ich-bin-kein-showman-mehr

[120] „Der Glaube und die Familie sind das Wichtigste". In: Neue Vorarlberger Tageszeitung (22.12.2018, von Alois Tschida). URL: https://www.neue.at/sport/2018/12/21/der-glaube-und-die-familie-sind-das-wichtigste.neue

[121] Arnautovic lüftet private Geheimnisse. In: Laola1 (3.11.2017). URL: https://www.laola1.at/de/red/fussball/international/england/premier-league/news/private-einblicke--marko-arnautovic-spricht-ueber-familie/

[122] Arnautovic privat: „Er ist ein sensibler Mensch". In Laola1 (30.3.2019). URL: https://www.laola1.at/de/red/fussball/international/england/premier-league/news/marko-arnautovic-privat---er-ist-ein-sensibler-mensch-/

[123] „Ich bin kein Showman mehr". In: ballesterer (21.5.2015, von Benjamin Schacherl, Martin Hanebeck, Mario Sonnberger). URL: https://ballesterer.at/2017/11/12/ich-bin-kein-showman-mehr

[124] Marko Arnautovic im Interview mit DAZN und SPOX: „Ich habe es allen bewiesen." In: SPOX (1.4.2019). URL: https://www.spox.com/at/sport/fussball/international/england/1903/Artikel/marko-arnautovic-im-interview.html

[125] Marko Arnautovic im Interview mit DAZN und SPOX: „Ich habe es allen bewiesen." In: SPOX (1.4.2019). URL: https://www.spox.com/at/sport/fussball/international/england/1903/Artikel/marko-arnautovic-im-interview.html

[126] Arnautovic: „Familie ist immer an erster Stelle. In: Kronen Zeitung (19.4.2019, von Peter Klöbl). URL: https://www.krone.at/1906898

[127] Arnautovic: So süß ist seine Tochter. In: Österreich (26.3.2013). URL: https://www.österreich.at/nachrichten/Arnautovic-So-suess-ist-seine-Tochter/99231701

[128] Mein Haus, mein Auto, mein Jet - so lebt Arnie. In: OE24 (9.7.2019). URL: https://sport.oe24.at/stars-und-sport/Mein-Haus-mein-Auto-mein-Jet-so-lebt-Arnie/387870939

[129] „Ich bin kein Showman mehr". In: ballesterer (21.5.2015, von Benjamin Schacherl, Martin Hanebeck, Mario Sonnberger). URL: https://ballesterer.at/2017/11/12/ich-bin-kein-showman-mehr

[130] „Ich bin kein Showman mehr". In: ballesterer (21.5.2015, von Benjamin Schacherl, Martin Hanebeck, Mario Sonnberger). URL: https://ballesterer.at/2017/11/12/ich-bin-kein-showman-mehr

[131] Arnautovic lüftet private Geheimnisse. In: Laola1 (3.11.2017). URL: https://www.laola1.at/de/red/fussball/international/england/premier-league/news/private-einblicke--marko-arnautovic-spricht-ueber-familie/

[132] Marko Arnautovic: „Ich danke meiner Familie und Gott, dass ich nicht auf die schiefe Bahn geraten bin". In: PromisGlauben (23. 12. 2018, von Markus Kosian). URL: https://promisglauben.de/marko-arnautovic-ich-danke-meiner-familie-und-gott-dass-ich-nicht-auf-die-schiefe-bahn-geraten-bin

[133] Arnautovic: „Wir haben mehr Serbisch gelebt". In: Heute (30.3.2019). URL: https://www.heute.at/s/arnautovic-wir-haben-mehr-serbisch-gelebt--55301613

[134] Arnautovic über China: Verdienst ist „überragend". In : Kronen Zeitung (30.9.2019). URL: https://www.krone.at/1989490

[135] „Der Glaube und die Familie sind das Wichtigste". In: Neue Vorarlberger Tageszeitung (22.12.2018, von Alois Tschida). URL: https://www.neue.at/sport/2018/12/21/der-glaube-und-die-familie-sind-das-wichtigste.neue

[136] „Der Glaube und die Familie sind das Wichtigste". In: Neue NEUE Vorarlberger Tageszeitung (22.12.2018, von Alois Tschida). URL: https://www.neue.at/sport/2018/12/21/der-glaube-und-die-familie-sind-das-wichtigste.neue

[137] Marko Arnautovic im Interview mit DAZN und SPOX: „Ich habe es allen bewiesen." In: SPOX (1.4.2019). URL: https://www.spox.com/at/sport/fussball/international/england/1903/Artikel/marko-arnautovic-im-interview.html

[138] West Ham are missing Marko Arnautovic more than they'll care to admit. In: TBR-The Boot Room (21.2.2020, von Tom Procter). URL: https://tbrfootball.com/west-ham-are-missing-marko-arnautovic-more-than-theyll-care-to-admit/

[139] Arnautovic: „Familie ist immer an erster Stelle. In: Kronen Zeitung (19.4.2019, von Peter Klöbl). URL: https://www.krone.at/1906898

[140] Karriereende? Arnautovic antwortet mit Ibrahimovic-Zitat. In: Sky Sport (19.3.2019). Uhttps://www.skysportaustria.at/nationalteam-at/karriereende-arnautovic-antwortet-mit-ibrahimovic-zitat/

Autorin

Vanny (Ana) Benke
geb. 2002
Schülerin

Hobbies:
Ballett
Tanz
Schifahren
(alle aktiv)

Fußball (passiv)
(Marko Arnautovic, ÖFB, West Ham United, Shanghai SIPG)

Instagram-Seite:
7m.arnautovic.fp

© Benke